Altenglisches Elementarbuch

Einführung, Grammatik, Texte mit Übersetzung und Wörterbuch

von

Martin Lehnert

Neunte, verbesserte Auflage

1978

Walter de Gruyter · Berlin · New York

SAMMLUNG GÖSCHEN 2210

Dr. *Martin Lehnert*

o. Professor an der Humboldt-Universität Berlin

CIP-Kurztitelaufnahme der Deutschen Bibliothek

Lehnert, Martin

Altenglisches Elementarbuch: Einf., Grammatik, Texte
mit Übers. u. Wörterbuch. — 9., verb. Aufl. —
Berlin, New York: de Gruyter, 1978.
  (Sammlung Göschen; Bd. 2210)
  ISBN 3-11-007643-8

Inhaltsverzeichnis

4 Inhaltsverzeichnis

Entwicklung unter dem Schwachdruck

III. Formenlehre

IV. Texte mit Übersetzung

Prosa

V. Wörterbuch

VI. Wörterverzeichnis

Literatur

(Einzelarbeiten sind im Text aufgeführt)

a) Altenglische und historische englische Grammatiken

Alston, R. C.: An Introduction to Old English, New York-Toronto 1961.
Andrew, S. O.: Syntax and Style in Old English, Cambridge 1940. New York 1966.
Baugh, A. C.: A History of the English Language, New York 1935, Neudruck. London 1951 u.ö. (1968).
Bøgholm, N.: English Speech from a historical point of view, Copenhagen–London 1939.
Brook, G. L.: An Introduction to Old English, Manchester Univ. Press 1955.
Brunner, K.: Die englische Sprache. Ihre geschichtliche Entwicklung. I. II., Halle 1950, 1951, Tübingen I 1960, II 1962².
Bülbring, K. D.: Altenglisches Elementarbuch, I.Teil: Lautlehre, Heidelberg 1902.
Campbell. A.: An Old English Grammar, Oxford 1959 u.ö. (1964).
Faiß, K.: Aspekte der englischen Sprachgeschichte, Tübingen 1977.
Kieckers, E.: Altenglische Grammatik, München 1935.
Koziol, H.: Grundzüge der Geschichte der englischen Sprache, Darmstadt 1967.
Luick, K.: Historische Grammatik der englischen Sprache, Leipzig 1914 bis 1940. Stuttgart 1964. Repr. by Richard Hamer, Harvard Univ. Press 1965
Mitchell, B. C.: A Guide to Old English, Oxford 1965, 1968².
Mossé, F.: Manuel de l'anglais du moyen âge. Tome I: Vieil-Anglais. Grammaire et textes. Paris 1945, 1950², 1960³.
Mustanoja, T. F.: A. Middle English Syntax, Helsinki 1960
Pilch, H.: Altenglische Grammatik, München 1970. Verkürzte Fassung in „Kurzer Grundriß der germanischen Philologie bis 1500", Band 1. Berlin 1970.
Pinsker, H. E.: Historische Englische Grammatik, München 1974⁴.
Quirk, R., and Wrenn, C. L.: An Old English Grammar, London 1955, 1957², 1960³, 1967⁶.
Reszkiewisz, A.: Old English Essentials, Warsaw 1964.
Schibsbye, K.: Origin and Development of the English Language, Copenhagen, Part I, 1972.
Sievers-Brunner: Altenglische Grammatik, nach der Angelsächsischen Grammatik von E. Sievers neubearbeitet von K. Brunner, Halle 1942, 1951², Tübingen 1965³.
Sievers, E.: Abriß der altenglischen (angelsächsischen) Grammatik, 1. Aufl. Halle 1895. 9. Aufl. 1936, 10. Aufl. neubearbeitet von K. Brunner, Halle 1941, 11. Aufl. 1948. 16. Aufl. 1963 u.ö.
Strang, Barbara M. H.: A History of English, London 1970, Paperback 1974.
Visser, F. Th.: An Historical Syntax of the English Language, Vol. I, Leiden 1963, Vol. II, Leiden 1966, Vol. III, Leiden 1969 und 1973.
Wardale, E. E.: An Old English Grammar, London 1922, 1938⁴, Neudruck 1947.
Williams, J. M.: Origins of the English Language — A Social and Linguistic History, London–New York 1975.
Wright, J., and E. M.: Old English Grammar, Oxford 1925³, 1960⁴.

b) Vergleichende Grammatiken

Hirt, H.: Handbuch des Urgermanischen, I.–III., Heidelberg 1931–1934.
Hirt, H.: Indogermanische Grammatik, I.–VII., Heidelberg 1921–1937.
Kieckers, E.: Einführung in die indogermanische Sprachwissenschaft. I. Bd.: Lautlehre, München 1933.
Kluge, F.: Urgermanisch. 3. Aufl., Straßburg 1913 (im Grundriß der germanischen Philologie).
Krahe, H.: Germanische Sprachwissenschaft. I. II., Berlin 1942, 5. **Aufl.** 1963/64 (Sammlung Göschen Bd. 238 und 780).
Krahe, H.: Indogermanische Sprachwissenschaft, I. II., Berlin 1943, 5. **Aufl.** 1963/66. (Sammlung Göschen Bd. 59 und 64).
Lockwood, W. B.: Indo-European Philology, London 1969, repr. 1971.
Prokosch, E.: A Comparative Germanic Grammar, Philadelphia 1939.

Schmitt, L. E. (Hsg.): Kurzer Grundriß der germanischen Philologie bis 1500, Band 1, Sprachgeschichte, Berlin 1970.
Streitberg, W.: Urgermanische Grammatik, Heidelberg 1896 (Neudruck 1943).
Srawnitelnaja grammatika germanskich jasykow (Vergleichende Grammatik der germanischen Sprachen), 4 Bände, Moskau 1962—1966.
Shirmunski, V. M.: Wwedenije w srawitelno-istoritscheskoje isutschenije (Einführung in das vergleichend-historische Studium der germanischen Sprachen), Moskau—Leningrad 1964.

c) *Altenglische Lesebücher*

Anderson, M., and Williams, B. C.: Old English Handbook, Boston 1935.
Bolton, W. F.: An Old English Anthology, London 1963.
Bright, J. W.: An Anglo-Saxon Reader, London 1891. 4. Aufl. 1917; rev. by J. R. Hulbert, New York 1935, 1951. Neuauflage 1971³.
Craigie, W. A.: Specimens of Anglo-Saxon Poetry, Edinburgh (1923) 1931.
Craigie, W. A.: Specimens of Anglo-Saxon Prose, Edinburgh 1929.
Flom, G. T.: Introductory Old English Grammar and Reader, Boston, New York etc. 1930.
Förster, M.: Altenglisches Lesebuch für Anfänger, Heidelberg 1913, 4. Aufl. 1931, 5. Aufl. 1949, 1963.
Fowler, R. G.: Old English Verse and Prose, London 1966.
Funke, O., and Jost, K.: An Old English Reader. Vol. 1 (pp. 1—58), Vol. 1a Glossary (pp. 59—86), Bern 1942, 4. Aufl. 1964.
Kaiser, R.: Medieval English, An Old English and Middle English Anthology, 3. Aufl., Berlin 1958 (1. Aufl. 1954).
Kluge, F.: Angelsächsisches Lesebuch, Halle 1888, 4. Aufl. 1915.
Krapp, G. P., and Kennedy, A. G.: An Anglo-Saxon Reader, New York 1929.
Lehnert, M.: Poetry and Prose of the Anglo-Saxons. A Text-Book with Introductions, Translations, Bibliography, and an Old English Etymological Dictionary. Berlin Vol. I 1955, Halle 1960²; Vol. II 1956, 1960².
Raith, J.: Altenglisches Lesebuch, Prosa, 2. Aufl., München 1958.
Schücking, L. L.: Kleines angelsächsisches Dichterbuch, Köthen 1919, 2. Aufl. Leipzig 1933.
Sedgefield, W. J.: An Anglo-Saxon Book of Verse and Prose, Manchester 1928.
Sweet, H.: An Anglo-Saxon Reader, Oxford 1876, 9th ed. rev. by C. T. Onions 1922, 12th ed. 1950, 1959 u.ö.
Sweet's Anglo-Saxon Reader in Prose and Verse, revised throughout by Dorothy Whitelock, Oxford 1967.
Turk, M. H.: An Anglo-Saxon Reader, New York 1927.
Wyatt, A. J.: An Anglo-Saxon Reader, Cambridge 1919, 1925.
Zupitza-Schipper: Alt- und mittelenglisches Übungsbuch, hrsg. von A. Eichler, 14. Auflage, Wien und Leipzig 1931.

d) *Altenglische Wörterbücher*

Bessinger, J. B.: A Short Dictionary of Anglo-Saxon Poetry, Toronto 1960, 1965³.
Bosworth-Toller: An Anglo-Saxon Dictionary, Oxford 1882—1898, Supplement 1928. A New Supplement by A. Campbell, Oxford 1966. Neuauflage 1972.
Grein-Köhler: Sprachschatz der angelsächsischen Dichter, 2. Auflage, Heidelberg 1912—1914. Neuauflage 1974.
Hall, J. R. Clark: A Concise Anglo-Saxon Dictionary for the Use of Students, London 1894, 4th ed. with a Supplement by H. D. Meritt, Cambridge 1960.
Holthausen, F.: Altenglisches etymologisches Wörterbuch, Heidelberg 1934, 2. Ausgabe 1963 von H. Ch. Matthes.
Lehnert, M.: Poetry and Prose of the Anglo-Saxons, vol. II Dictionary, Berlin-Halle 1956, 1969.
Skeat, W. W.: An English-Anglo-Saxon Vocabulary, London 1936.
Sweet, H.: The Student's Dictionary of Anglo-Saxon, Oxford 1897, 1911.

e) Übersetzungen

Alexander, Michael: The Earliest English Poems.,"Penguin Classics "L. 172, Harmondsworth 1966, 1967.
Breuer, R. — Schöwerling, R.: Altenglische Lyrik — Englisch und Deutsch, Stuttgart (Reclam) 1972.
Cook, A. S. — Tinker, C. B.: Select Translations from Old English Prose, Boston 1908.
Cook, A. S. — Tinker, C. B.: Select Translations from Old English Poetry, Boston 1926, rev. ed. Harvard 1935.
Faust, C. — Thompson, S.: Old English Poems translated into the Original Meter, Chicago-New York 1918.
Gollancz, I.: The Exeter Book. An Anthology of Anglo-Saxon Poetry. London 1895, in: "Early English Text Society", vol. 104.
Gordon, R. K.: Anglo-Saxon Poetry, Selected and Translated, London 1930, rev. ed. 1954. "Everyman's Library" No. 794.
Grein, C. W. M.: Dichtungen der Angelsachsen, stabreimend übersetzt, Göttingen 1857/ 1859, 2. Ausgabe (Beowulf gesondert) von R. P. Wülker, Kassel 1883. Manulneudruck Heidelberg 1930.
Kennedy, Ch. W.: An Anthology of Old English Poetry, translated into Modern English, London-New York 1960.
Kennedy, Ch. W.: Early English Christian Poetry, translated into Alliterative Verse, London 1952, New York-Oxford 1963.
Kershaw, N.: Anglo-Saxon and Norse Poems, Cambridge 1922.
Lehnert, M.: Alt- und mittelenglische volkstümliche Dichtung — Englisch und Deutsch, Leipzig 1979.
Mackie, W. S.: The Exeter Book. Part II: Poems IX — XXXII, London 1934, in: "Early English Text Society" vol. 194.
Magoun, F. — Walker, J.: An Old English Anthology, Iowa 1950.
Malone, K.: Ten Old English Poems, Baltimore 1941.
Whitelock, D.: English Historical Documents 500—1042, London 1953.

f) Nachschlagewerke

Hoops, J.: Reallexikon der germanischen Altertumskunde, Straßburg und Berlin 1911 — 1919 (4 Bände). 2. Neuauflage (bei W. de Gruyter), Berlin–New York 1973ff.
Schrader-Nehring: Reallexikon der indogermanischen Altertumskunde, Berlin 1923— 1929 (2 Bände).
Ebert, Max: Reallexikon der Vorgeschichte, Berlin 1924—1932 (15 Bände).

g) Bibliographien

Jahresbericht über die Erscheinungen auf dem Gebiete der germanischen Philologie, Berlin 1879ff.
Annual Bibliography of English Language and Literature, Cambridge 1921ff.
The Cambridge Bibliography of English Literature, 4 Bände, Cambridge–New York 1940/41. Supplementband 1957. — The New Cambridge Bibliography of English Literature, ed. by George Watson, Vol. I, 600—1660, Cambridge 1974.
The Year's Work in English Studies, London 1921ff.
Heusinkveld, A. H., and Bashe, E. J.: A Bibliographical Guide to Old English, Iowa 1931.
Kennedy, A. G.: A Bibliography of Writings on the English Language from the Beginning of Printing to the End of 1922, Cambridge-New Haven 1927. — Ergänzt von H. M. Flasdieck im „Beiblatt zur Anglia" 39 (1928), S. 166—174 und von A. Gabrielson in den „Studia Neophilologica" 2 (1929), S. 117—168.
Kennedy, A. G.: A Concise Bibliography for Students of English, Stanford-California 1960[4].
Linguistic Bibliography for the Years 1939—1947, etc. Vol. Iff. Utrecht-Brussels bzw. Utrecht-Antwerp, Spectrum, 1949ff. Published by the Permanent International Committee of Linguists with a Grant from the United Nations Educational, Scientific, and Cultural Organization.

Neuphilologische Mitteilungen: Old English Research in Progress. Ed. by Fred C.
    Robinson 1965—1972, by Alan K. Brown 1973—1976, by C. T. Berkhout
    1976—1977, Band 78, S. 268—276, Helsinki 1977.
Old English Newsletter. Published for The Old English Division of The Modern
    Language Association of America by The Center for Medieval and Renaissance Studies.
    SUNY-Binghamton, Vol. 10, New York 1977
Renwick, W. L., and Orton, H.: The Beginnings of English Literature to Skelton 1509,
    London 1939, 1952².
Robinson, F. C.: Old English Literature. A Select Bibliography, University of Toronto
    Press 1970.

Ausführliche Bibliographien geben auch Visser und Mustanoja (s. unter a).

I. Einführung

1. Sprache und Überlieferung

1. Die älteste b r i t i s c h e (keltische) Siedlergruppe, welche die wohl der Mittelmeerrasse angehörige Urbevölkerung verdrängte, kam vom Niederrhein nach England (600 bis 450), die zweite aus der Bretagne (400—250), die dritte von der Seine (250—100); die kelt.-germ. Belgae rückten um 75 und dann um 50 v. Chr. ein. Ihre Sprache war das K e l t i s c h e, das in mehreren Dialekten gesprochen wurde. Während der Besetzung der britischen Insel durch die Römer von 55 v. Chr. bis ins 5. Jh. n. Chr. wurden die Kelten (Briten) r o m a n i s i e r t. Doch wurden die l a t e i - n i s c h e Sprache und Kultur weniger von den römischen Legionen als vielmehr von der Kirche der römischen Provinz Gallien nach England gebracht und weitergepflegt. In der Zeit der Völkerwanderung wird England mit dem Einfall der germanischen Stämme der Angeln, Sachsen und Jüten im 5. Jahrhundert ein germanisches Land. Die Sprache der neuen Herren Englands ist das Alt- englische (Ae.), oft auch Angelsächsisch (Ags.) genannt, das man am besten in zwei Perioden einteilt: F r ü h - a e. von etwa 700—900, S p ä t - a e. von 900 bis 1100. Die ae. poetischen Denkmäler, die meist von angelsächsischen Klerikern verfaßt wurden, entstanden seit etwa 700 auf *anglischem* Boden, sind uns jedoch meist anonym erst aus dem späten 10. Jahrhundert fast durchweg in *westsächsischen* Handschriften (= Abschriften) überliefert. Sie weisen daher zahlreiche dialektische und zeitliche Mischformen auf. Im wesentlichen sind sie in vier großen Sammelhandschriften erhalten[1]:

[1] Zur Überlieferung der ae. Prosa-Denkmäler s. S i e v e r s - B r u n n e r, Ae. Gr. § 2.

1. Die Beowulf-Handschrift im Britischen Museum, London[1]). Auf der ersten Seite oben steht der Name *Laurence Nouell* mit dem Datum *1563*. Demnach verdanken wir wohl Nowell, Dekan von Lichfield (gest. 1576) und Verfasser des ersten ae. Wörterbuches, die Erhaltung des ältesten vollständigen germ. Heldenepos über eine Zeit hinweg, wo mit der Auflösung der Klöster unschätzbare alte literarische Zeugnisse verlorengingen. Im 17. Jh. gelangte die Handschrift in die berühmte Sammlung des Gutsbesitzers und Londoner Altertumssammlers Sir Robert Cotton (1571—1631). Die Beschädigungen der einzelnen Blätter der Beowulf-Handschrift, die heute im Britischen Museum aufbewahrt wird, rühren von einem nächtlichen Brande der Cottonischen Bibliothek im Jahre 1731 her, worüber ein 211 Kleinfolioseiten umfassender Parlamentsbericht vom Jahre 1732 vorliegt. In der einzigen erhaltenen Handschrift steht der ,,Beowulf" zwischen drei ae. Prosatexten und der fragmentarischen Judith-Dichtung. Er wurde zum erstenmal, zusammen mit einer lateinischen Übersetzung, von dem isländischen Gelehrten G. J. Thorkelin 1815 zu Kopenhagen ein Abschreiber im Jahre 1787 im Brit. Museum angefertigt hatten. Die erste wissenschaftliche Beowulf-Ausgabe besorgte J. M. Kemble zu London 1833, 1835/37[2] (mit Übersetzung, Einleitung, Glossar und Anmerkungen)[2]).

Faksimile: J. Zupitza, Beowulf. Autotypes of the uni-

---

[1]) M. Förster, Die Beowulf-Handschrift (,,Berichte der Sächs. Akad. der Wiss." Bd. 71, Nr. 4), Leipzig 1919.

[2]) Zu den neueren Beowulf-Ausgaben s. M. Lehnert, Beowulf. Eine Auswahl mit Einführung, teilweiser Übersetzung, Anmerkungen und etymol. Wörterbuch, Berlin 1967[4]. (Sammlung Göschen Bd. 1135.) — Zu den ,Beowulf'-Übersetzungen s. Ch. B. Tinker, The Translations of 'Beowulf', repr. with new material by F. C. Robinson and M. Osborne, Hamden, Conn., 1974.

que Cotton MS. Vitellius[1]) A XV in the British Museum, with a Transliteration and Notes. (Early English Text Society, No. 77) London 1882. — Neuherausgabe mit Ergänzungen von N. Davis (Early English Text Society, No. 245), London 1959. — K. Malone, The Thorkelin Transcripts of Beowulf in Facsimile (Early English Manuscripts in Facsimile, Vol. I), Copenhagen-Baltimore-London 1951. Neudruck von V. F. Hopper 1963. — Faksimile-Ausgabe der Beowulf-Dichtung von Kemp Malone, The Nowell Codex — British Museum Cotton Vitellius A XV, zusammen mit einem Einführungsband, in den "Early English Manuscripts in Facsimile," Vol. XII, Copenhagen-London-Baltimore 1963.

2. Die Cædmon-Handschrift in der Bodleian Library, Oxford. Sie gehörte einst Erzbischof James Usher, der sie dem berühmten holländischen Germanisten Franciscus Junius schenkte. Dieser hugenottische Gelehrte ging 1620 nach England, wo er fast dreißig Jahre als Erzieher englischer Adligen lebte. Im Jahre 1655 besorgte er den Druck dieser Handschrift, in der die Dichtungen Genesis, Exodus, Daniel, Christ und Satan enthalten sind, und übergab sie der Universität Oxford.

Faksimile: I. Gollancz, The Cædmon Manuscript of Anglo-Saxon Biblical Poetry. Oxford Univ. Press 1927. — Ausgabe: G. Ph. Krapp, The Junius Manuscript, London & New York 1931. (The Anglo-Saxon Poetic Records, A Collective Edition, I.)

3. Das Exeter-Buch in der Kathedrale zu Exeter. Leofric († 1072), Bischof von Devon und Cornwall und Kanzler Eduard des Bekenners, hat es einst der Exeter Kathedrale geschenkt. Eine vollständige Ausgabe des „Codex Exoniensis" erschien erst 1842 von B. Thorpe. Darin finden sich besonders folgende Dichtungen: Christ, Guthlac, Phönix,. Juliana, Wanderer, Der Menschen Gaben, Des Vaters Lehren, Seefahrer, Der Menschen Gemüt,

---

[1]) Die Katalogbezeichnungen *Vitellius, Tiberius, Nero* usw. rühren von den Büsten römischer Kaiser her, die zufällig auf den betr. Bücherschränken standen.

Widsith, Der Menschen Geschicke, Reimlied, Panther, Walfisch, Rebhuhn, Rede der Seele an den Leichnam (I), Deors Klage, Klage der Frau, Das Jüngste Gericht, Botschaft des Gemahls, Ruine, Rätsel.

Faksimile: The Exeter Book of Old English Poetry. With Introductory Chapters by R. W. Chambers, Max Förster and Robin Flower, and Collotype Facsimile of the Exeter Book. Bradford: Percy Lund, Humphries, for the Dean and Chapter of Exeter Cathedral. 1933. — Ausgabe: G. Ph. Krapp & E. van Kirk Dobbie, The Exeter Book, London & New York 1936. (The Anglo-Saxon Poetic Records, A Collective Edition, III.) — Eine frühere Ausgabe des Exeterbuches erschien mit englischer Übersetzung in der Early English Text Society, London 1895, No. 104, von I. Gollancz (Part I: Poems I—VIII) und 1934 von W. S. Mackie (Part II: Poems IX—XXXII), Orig. Series, No. 194, London 1934.

4. Das Vercelli-Buch in der Dombibliothek zu Vercelli, Oberitalien. Wie es dorthin gekommen, ist unbekannt. Es wurde 1834 von dem Tübinger Assistenten Dr. M. G. Maier abgeschrieben und in seinem poetischen Teil 1836 als 'Appendix B to Mr. Cooper's Report on Rymer's Fœdera' unter B. Thorpes Leitung in nur 250 Exemplaren gedruckt. Danach gab J. M. Kemble 1843 und 1856 den 'Codex Vercellensis' mit englischer Übersetzung für die Aelfric Society heraus. Die Handschrift enthält: Homilien, Andreas, Schicksale der zwölf Apostel, Rede der Seele an den Leichnam (II), Der Menschen Falschheit, Traumgesicht vom Kreuze, Elene, Leben des Guthlac (in Prosa).

Faksimile: Celia Sisam (Ed.), The Vercelli Book, in den „Early English Manuscripts in Facsimile", Vol. XIX, Copenhagen-London-Baltimore 1976. — M. Förster, Il Codice Vercellese, Rom 1913. (Enthält die prosaischen und poetischen Texte.)[1] — Ausgabe: G. Ph. Krapp, The Vercelli Book, Lon-

---

[1] Beschreibung: M. Förster, „Stud. z. engl. Phil." 50, S. 20 ff., Halle 1913. — Ausgabe der Prosastücke (Homilien): M. Förster, Die Vercelli-Homilien I., Hamburg 1932 („Bibl. der ags. Prosa", Bd. XII).

don & New York 1932. (The Anglo-Saxon Poetic Records, A Collective Edition, II.)[1])

2. Das Altenglische gehört zum westlichen (*Centum-*) Zweig der indogermanischen Sprachfamilie und hat seine mit anderen Sprachen gemeinsamen Vorstufen zunächst im Westgermanischen, dann im Urgermanischen und schließlich im Indogermanischen. Alle drei Ursprachen sind mit Hilfe der aus ihnen hervorgegangenen historisch bezeugten Sprachen in groben Umrissen wissenschaftlich rekonstruiert, also nirgendwo in Aufzeichnungen überliefert. Durch Vergleichung etwa von got. *gast-s*, ur-nord. *gasti-R*, aisl. *gest-r*, ahd. as. *gast* und ae. *ʒ(i)est* (§§ 31, 7; 48, 1) gelangt man zu der urg. Form **gastiz* (lat. *hostis*, idg. **ghostis*)[2]). (Erschlossene Formen werden durch Sternchen gekennzeichnet.)

Den germanischen Sprachen sind gegenüber den anderen idg. Sprachzweigen[3]) besonders folgende Spracherscheinungen eigentümlich: die erste (oder germanische) Lautverschiebung (§ 23), das Vernersche Gesetz (§ 23), die Festlegung der Druckverteilung (§ 47), die germanischen Auslautgesetze (§ 48), das Aufkommen der schwachen Flexion des Adjektivs (§§ 69, 71), das schwache Präteritum (§ 77).

Innerhalb der westgermanischen Sprachen ist der nächste Verwandte des Altenglischen das Altfriesische, demnächst das Altsächsische. Mit dem ersten weist es besonders nahe Beziehungen auf (vgl. §§ 22, 3; 28, 1—4; 44;

---

[1]) Eine erste Sammlung der ae. Literatur unternahm in Grein-Wülkers „Bibliothek der ags. Poesie und Prosa": C. W. M. Grein, Bibl. der ags. Poesie, 1857—1864, neue Ausgabe von R. P. Wülker (4 Bände), Literaturverzeichnis. — N. R. Ker, Catalogue of Manuscripts containing Anglo-Saxon, Oxford Univ. Press 1957.
Neben diesen Sammelausgaben bestehen zahlreiche Einzelausgaben (s. M. Lehnert, Poetry and Prose of the Anglo-Saxons, Vol. I, Berlin 1955).

[2]) Aus der ursprünglichen Bedeutung „Fremdling" entwickelte sich im Lateinischen die Bedeutung „Feind", im Germanischen „Gast".

[3]) W. B. Lockwood, A Panorama of Indo-European Languages, London 1972.

Indogermanisch oder Indoeuropäisch

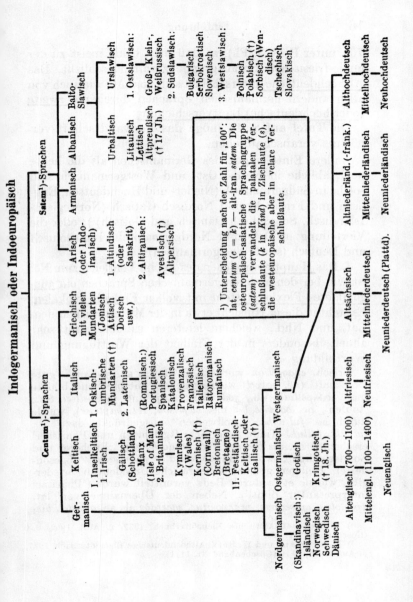

Centum¹)-Sprachen

Germanisch

Keltisch
1. Inselkeltisch
   1. Irisch
      Gälisch (Schottland)
      Manx (Isle of Man)
   2. Britannisch
      Kymrisch (Wales)
      Kornisch (†) (Cornwall)
      Bretonisch (Bretagne)
II. Festländisch- Keltisch oder Gallisch (†)

Italisch
1. Oskisch- umbrische Mundarten (†)
2. Lateinisch
   (Romanisch:)
      Portugiesisch
      Spanisch
      Katalonisch
      Provenzalisch
      Französisch
      Italienisch
      Rätoromanisch
      Rumänisch

Griechisch mit vielen Mundarten (Jonisch Attisch Dorisch usw.)

Satem¹)-Sprachen

Arisch (oder Indo- iranisch)
1. Altindisch (oder Sanskrit)
2. Altiranisch:
   Avestisch (†)
   Altpersisch

Armenisch

Albanisch

Balto- Slawisch

Urslawisch
1. Ostslawisch:
   Groß-, Klein-, Weißrussisch
2. Südslawisch:
   Bulgarisch
   Serbokroatisch
   Slovenisch
3. Westslawisch:
   Polnisch
   Polabisch (†)
   Sorbisch (Wendisch)
   Tschechisch
   Slovakisch

Urbaltisch
   Litauisch
   Lettisch
   Altpreußisch († 17. Jh.)

---

¹) Unterscheidung nach der Zahl für „100": lat. *centum* (*c* = *k*) - alt-iran. *satem*. Die osteuropäisch-asiatische Sprachengruppe (*satem*) verwandelt die palatalen Verschlußlaute (*k* in *Kind*) in Zischlaute (*s*), die westeuropäische aber in velare Verschlußlaute.

Germanisch:

Nordgermanisch
(Skandinavisch:)
   Isländisch
   Norwegisch
   Schwedisch
   Dänisch

Ostgermanisch
   Gotisch
   Krimgotisch († 18. Jh.)

Westgermanisch

Altenglisch (700—1100)
Mittelengl. (1100—1400)
Neuenglisch

Altfriesisch
Neufriesisch

Altsächsisch
Mittelniederdeutsch
Neuniederdeutsch (Plattd.)

Altniederländ. (-fränk.)
Mittelniederländisch
Neuniederländisch

Althochdeutsch
Mittelhochdeutsch
Neuhochdeutsch

76a unter Präs. 3. Pl.), so daß man beide meist zu der anglo-friesischen Sprachgruppe zusammenschließt. Das Althochdeutsche unterscheidet sich vom Ae. wie auch von allen andern germanischen Sprachen durch die zweite (oder hochdeutsche) Lautverschiebung. Die Tafel auf S. 15 möge das Verwandtschaftsverhältnis veranschaulichen.

Andere Einteilungen des Germanischen als die heute noch übliche in Nord-, Ost- und Westgermanisch sind solche in Südgermanisch (Nieder- und Hochdeutsch, Englisch und Friesisch) und Nordisch-Gotisch (Norwegisch-Isländisch, Schwedisch-Dänisch und Gotisch)[1]; oder die Vierteilung in Ost- und Nordgermanisch, Ingwäonisch und Deutsch (statt Westgermanisch)[2].

3. Das Hauptkennzeichen des Ae. im Vergleich zum Ne. ist wie bei den anderen germanischen Sprachen ein ausgebildetes Flexionssystem mit vollen Endsilbenvokalen. Es steht in dieser Hinsicht etwa in der Mitte zwischen dem Lat. und Nhd., welchem letzteren es überhaupt sehr ähnelt, besonders in der Freiheit der Wortfügung und Wortbildung.

Griech. *euaggélion* wurde z. B. durch ae. *ʒōd-spell* 'gute Botschaft' (ne. *gospel*) wiedergegeben, entsprechend bildete man *ʒodspellian* Vb., *ʒodspellisc* Adj. und *ʒodspellere* Sb.; 'taufen', ne. *baptize* (< me. *baptīsen*, frz. *baptiser*), wurde durch ae. *ful-wīhan* „vollweihen" ausgedrückt, dazu Sb. *fulwīht, fulluht* 'Taufe'; die 'Schriftgelehrten und Pharisäer' erscheinen ae. als *bōceras and sundorhālʒan* „Bücherer und Sonderheilige", wobei *sundorhālʒa = pharisaeus* 'abgesonderter Heiliger' genau die hebräische Urbedeutung wiedergibt, wie sie etwa durch Beda vermittelt wurde ('Pharisaei interpretantur divisi'). Neben der Übernahme von lat. *apostolus, episcopus, praepositus, sacerdōs* als ae. *apostol, bis-*

[1] H. Hempel, Gotisches Elementarbuch, 1937, 2. Aufl. 1962, S. 6 (Göschenband Nr. 79).
[2] H. Naumann und W. Betz, Althochdeutsches Elementarbuch, 1937, 3. Aufl. 1962, S. 10 (Göschenband Nr. 1111).

ceop, *prēost*, *sacerd* in Form von Fremd- oder Lehnwörtern wurde z. B. lat. *discipulus* durch eine Vielheit von Ausdrükken wiedergegeben, wie ae. *discipul, leornere, leorninʒcniht, lārcneht, þeʒn, cniht, ambeht(man)* 'Amtmann, Diener'; andererseits entspricht ein ae. Wort, etwa *ealdor(man)*, einer ganzen Reihe von lat. Bezeichnungen. Eine den wg. Sprachen gemeinsame Lehnübersetzung ist ae. *hǣlend*, as. *hēliand*, ahd. *heilant* für kirchenlat. *salvātor*.

Die beiden Hauptsprachtypen, in denen das Ae. uns überkommen ist, sind die Missionssprache der Kirche und die Ausdrucksformen des Gefolgschaftsmilieus.

Sprachgeschichtlich gesehen kennzeichnen folgende Erscheinungen den Übergang des Ae. zum Me.:

1. Abschwächung der vollen, kurzen Endsilbenvokale zu druckschwachem *e* (wie in nhd. *Name*) und damit Zerrüttung des Flexionssystems (N. A. Pl. ae. *stānas*, G. *stāna*, D. *stānum* > me. *stǫnes* > ne. *stones*).

2. Einfluß fremden Wortschatzes: des Skandinavischen und Französischen, genauer Nord-frz. = Normannisch-Pikardischen (§§ 15, 16).

3. Aufhören der im Spät-ae. in großen Teilen Englands bekannten westsächsischen Urkunden- und Literatursprache nach der normannischen Eroberung (§ 17).

2. Geschichte[1]).

4. Schon im Altertum waren die britischen Inseln den Phöniziern und Griechen bekannt. Um 350 v. Chr. gelangte der Grieche Pytheas auf seiner berühmten Nordlandfahrt von seiner Vaterstadt Massalia (Marseille) auf

---

[1]) R. H. Hodgkin, A History of the Anglo-Saxons, 2 Bände, Oxford 1935, 3. Aufl. 1959. — Ch. Oman, England before the Norman Conquest, 7th ed., London 1929. — R. W. Chambers, England before the Norman Conquest, London 1926. — F. M. Stenton, Anglo-Saxon England, Oxford 1943, 1947[2], 1971[3]. — D. Whitelock, The Beginnings of English Society (1952) und English Historical Documents, Vol. I, c. 500—1042 (1955). — P. H. Blair, An Introduction to Anglo-Saxon England, Cambridge Univ. Press 1956 u. ö. — D. M. Wilson, The Anglo-Saxons, London 1960. — R. I. Page, Life in Anglo-Saxon England, London 1970. — P. Clemoes (Ed.), Anglo-Saxon England, I—V, Cambridge 1972—1976.

dem Seewege bis in nördlichste Breiten[1]). Die Römer lernten Britannien erst durch die beiden Feldzüge Julius Cäsars 55 und 54 v. Chr. kennen[2]). Cäsar verfolgte die Absicht, sich die Herrschaft über das keltische Gallien zu sichern, das von den keltischen Briten aufgereizt und unterstützt wurde (De Bello Gallico IV, 20). Dies und nicht mehr hat er erreicht. Spätere römische Kaiser eroberten ganz Britannien und sicherten es im Norden durch Grenzwälle (Hadrians- und Piuswall). Seit dem 4. Jh. war die römische Besitzung an zwei Fronten bedroht: Von Norden (Schottland) her überrannten die kriegerischen Keltenstämme der Pikten und Skoten die römischen Schutzwälle, während im Süden germanische Stämme Raubzüge nach den britischen Küsten unternahmen. Entscheidend war schließlich, daß die römischen Legionen aus Britannien 407 zurückgezogen werden mußten, um ihr eigenes Reich gegen die einbrechenden Germanenstämme zu schützen (Einfall der Westgoten in Italien unter Alarich, † 410, Grab im Busento). Bald danach gingen germanische Stämme zur Landnahme in England über. Nach britischen Quellen (Gildas, Nennius) leiteten die Jüten unter Führung von Hengist und Horsa die Eroberung Britanniens bereits im Jahre 428 ein. Ihnen zufolge waren sie von Vortiger(n), dem Führer der nach dem Abzug der Römer sich selbst überlassenen Briten, gegen die Einfälle der Pikten und Skoten zu Hilfe gerufen und auf der Insel Thanet an der Ostspitze Kents angesiedelt worden[3]). Der Angelsachse Beda (672—735),[4]) dessen

---

[1]) S. Gutenbrunner, Germanische Frühzeit in den Berichten der Antike, Halle 1939.

[2]) R. G. Collingwood & J. N. L. Myres, Roman Britain and the English Settlements, Oxford 1937. — P. H. Blair, Roman Britain and Early England 55 B. C. to A. D. 871, London 1963.

[3]) N. K. Chadwick, Celt and Saxon, Cambridge 1963. — J. DeVries, Kelten und Germanen, Bern 1960.

[4]) P. H. Blair, The World of Bede, London 1970 und Northumbria in the Days of Bede, London–New York 1976.

Kirchengeschichte, die 'Historia ecclesiastica gentis
Anglorum'[1]) (731) die Hauptquelle für die Kenntnis
der ae. Frühzeit ist, gibt (Buch I, Kap. 15) das Jahr 449
für den Einfall der germanischen Stämme an.

5. Die Germanen kamen in den drei Stämmen der
Angeln, Sachsen und Jüten[2]) nach England (Beda
I, 15). Wahrscheinlich waren auch Friesen daran
beteiligt. Als Stammsitz der Jüten wird von Tacitus[3]), Ptolemäus und Beda die Halbinsel Jütland an-
gegeben, die Angeln saßen nach Beda in ,,Angulus", d. i.
die heute noch so genannte Landschaft ,,Angeln" zwischen
den Städten Flensburg und Schleswig, während die Sachsen südlich davon in Holstein bis zur Ems reichten. Die
Friesen bewohnten in jener Zeit wohl die Küstenstriche
zwischen Rhein und Weser nebst den vorgelagerten Inseln. — Die Jüten setzten sich im Südosten Englands,
etwa im heutigen Kent fest, ferner auf der Insel Wight und
dem gegenüberliegenden Küstenstreifen. Die Sachsen be-
setzten den ganzen übrigen Süden bis zur Themse und
griffen an deren Mündung und bei London nach Norden
hinauf (Essex, Sussex, Wessex < *East-*, *Sūþ-*, *Westseaxe*). Die Angeln besiedelten das Land nördlich der
Themse über die heutige englisch-schottische Grenze hinaus bis zum Firth of Forth. Das Siedlungsgebiet der Friesen läßt sich wegen der großen Sprachähnlichkeit zwischen Angelsachsen und Friesen (§ 2) mit Sicherheit nicht
feststellen.

Entsprechend der Siedlung unterscheiden wir drei ae.
Dialekte, die gegenüber den zugrunde liegenden nd.

---

[1]) Ed. Ch. Plummer, Oxford 1896; in englischer Übersetzung in der Everyman's Library Nr. 479, deutsch von M. U. Wilden, Schaffh. 1866.
[2]) J. N. L. Myres, ,,The Angles, the Saxons, and the Jutes", in den ,,Pro-
ceedings of the British Academy" 56, 1970, pp. 145—174.
[3]) R. Much, Die Germania des Tacitus, Heidelberg 1937. — J. G. C. Anderson, Tacitus' Germania, Oxford 1938.

Mundarten stärker differenziert sind: 1. Kentisch,
2. Sächsisch, 3. Anglisch. Das Anglische wird weiter
unterteilt in Mercisch[1]) zwischen Themse und Humber,
dessen östlicher Teil gesondert als Ostanglisch bezeichnet wird, und Nordhumbrisch zwischen Humber
und Firth of Forth (vgl. die Karte auf S. 10).

Die Kelten wurden von den in großer Zahl eindringen-
den Germanen entweder unterworfen (s. unter *wealh* § 13)
oder nach Westen und den gebirgigen Teilen des Landes
verdrängt: nach Cornwall, Wales, Cumbria und Schottland. Kornisch wurde bis etwa 1800 gesprochen, Walisisch
(Kymrisch) erfreut sich heute auch literarischer Pflege;
das Bretonische wurde seit dem 5. Jh. von auswandernden
britischen Kelten nach der Bretagne getragen. Gälisch,
die Sprache der berühmten Lieder Ossians, hat sich im
schottischen Hochland, Irish in Irland und Manx auf der
Insel Man bis heute erhalten. Gegenüber diesen reichlichen
Resten des Inselkeltischen haben wir von dem schon am
Ende des Altertums ausgestorbenen Festländisch-Kelti-
schen trotz seiner einst so gewaltigen Ausdehnung über
Mitteleuropa bis Kleinasien nur spärliche Spuren. Aus dem
keltischen Britannien wurde das germanische ,,England"[2]).

6. Die Bezeichnung für das ganze Land gab der Stamm
der Angeln ab, der nach der Übersiedlung in die neue
Heimat räumlich, politisch und literarisch im 7. und 8. Jh.
das Übergewicht erlangte. Das Übergehen der Vorherrschaft an die Westsachsen im 9. Jh. vermochte daran
nichts mehr zu ändern. Die Jüten verloren dagegen schon
vor dem 8. Jh. ihre eigene Benennung. Von den Kelten
wurden die Germanen in England als ,,Sachsen" bezeich-

---

[1]) D.i. 'Märkisch' = Sprache an der 'Mark' (Grenze), nämlich zur wali-
sischen (kelt.) Westmark hin.

[2]) J. L. Weisgerber, Die keltischen Völker im Umkreis von England,
Marburg 1941 (Marburger Universitätsreden Nr. 7).

net. Die lateinischen Autoren nannten deren Sprache ursprünglich „lingua Saxonica", bald jedoch auch „lingua
Anglica". Beide Stammesnamen der *Saxones (Saxonia)*
und *Angli (Anglia)* wurden anfangs nebeneinander für
sämtliche ae. Stämme gebraucht. Papst Gregor der Große
und Beda gebrauchen gewöhnlich schon die Bezeichnung
„Anglia" für das ganze Land. Die in ae. Sprache schrei-
benden Schriftsteller wie auch der ws. König Alfred der
Große nennen ihre Sprache von Anfang an *enꜟlisc,* d. i.
anglisch, ihr Land und Volk vorwiegend allgemein *Anꜟel-*
þēod und *Anꜟelcynn* oder auch *Anꜟelcynnesland,* eine Bezeichnung, die erst gegen Ende des 10. Jhs. durch *Enꜟla-*
land (= Land der Angeln), dem heutigen England, ersetzt
wird. Wilhelm I. verwendet noch um 1070 in ein und demselben Gesetzesparagraphen *ofer eall Anꜟelcynn* neben
ofer eall Enꜟlaland (s. Liebermann S. 483). Die heutige
Form *England* taucht schon um 1100 auf. Die Zusammensetzung *Angli(o)-Saxones* wurde auf dem Kontinent
geprägt und drang erst in spät-ae. Zeit nach England. Das
Adj. lat. *Anglosaxonicus,* engl. *Anglosaxon* ist eine Neu-
schöpfung des 18., das deutsche *angelsächsisch* (ags.) eine
Nachbildung davon aus dem 19. Jh. Wir bezeichnen in
diesem Buch (mit Luick, § 14 Anm.) die Sprache der
Angelsachsen als altenglisch (ae.).

7. Die Germanen kamen als Heiden in das christiani-
sierte Britannien[1]), wohin wahrscheinlich schon im 2. Jh.
das Christentum von der gallischen Kirche aus Gallien
gebracht worden war. Sie bewahrten ihren alten Wodans-
glauben noch 150 Jahre lang[2]).

[1]) L. Alcock, Arthur's Britain: History and Archaeology A. D. 367—634,
London 1971. — R. L. S. Bruce-Mitford, Aspects of Anglo-Saxon Archaeology,
London 1974. — D. M. Wilson, The Archaeology of Anglo-Saxon England,
London 1975, New York 1976.
[2]) E. A. Philippson, Germanisches Heidentum bei den Angelsachsen,
Leipzig 1929. — J. De Vries, Altgermanische Religionsgeschichte, Bd. I
Berlin 1935, Bd. II 1937, 1957.

Die Christianisierung Englands[1] wurde fast gleichzeitig von Norden und Süden unternommen, einerseits
von der iroschottischen Kirche unter Columba († 597)
und Aidan mit den Inseln Iona und Lindisfarne
(heute: Holy Island) als Stützpunkten und York als
Hauptstadt, anderseits von der römischen Kirche
unter Papst Gregor dem Großen und seinem Send-
boten Bischof Augustin 596 von Kent (Canterbury)
aus. Die Bekehrung Irlands (432—461) war das Werk
des romanisierten Briten St. Patrick gewesen. Der
irische Missionar Columba verpflanzte dann (563) das
irische Christentum nach Schottland. Nach wechselvoller
Missionsgeschichte Englands, die aufs engste mit seiner
politischen Geschichte verbunden ist, fiel auf der Synode
von Streonesh(e)alh (= Whitby) 664 durch den christlichen Nordhumbrerkönig Oswiu die Entscheidung zu-
gunsten der strafforganisierten dogmatisch-hierarchischen
römischen Weltkirche gegenüber der lockeren praktisch-
individuellen keltischen Mönchskirche[2], deren Klöster bedeutende Pflegstätten klassischer Gelehrsamkeit waren
und noch lange Zeit blieben. Das zwischen beiden liegende
heidnische Mercien hatte erst mit dem Fall König Pendas
655 eine vollständige Christianisierung Englands ermög-
licht. Schon fünf Jahre nach der Synode von Whitby
wurde 669 durch Theodor, den griech. Philosophen und Erzbischof von Canterbury, die kirchliche Einung Englands
erreicht[3]. Die im 7. und 8. Jh. folgende Blütezeit für den

---

[1] C. J. Godfrey, The Church in Anglo-Saxon England, Cambridge 1962.
— E. A. Fisher, The Greater Anglo-Saxon Churches, London 1962.
[2] H. Zimmer, The Celtic Church in Britain and Ireland, Oxford 1902. —
L. Hardinge, The Celtic Church in Britain, London 1972. — Charles Thomas,
Britain and Ireland in Early Christian Times, A. D. 400—800, London 1971.
[3] Beda, Hist. Eccl. IV, 2 (A. D. 669): 'Theodore . . . assisted by Hadrian . . .
was the first archbishop whom all the English church obeyed. . . . there are still
living at this day some of their scholars, who are as well versed in the Greek and
Latin tongues as in their own, in which they were born.'

christlichen Humanismus und die ae. Dichtung, die sich gegenseitig tiefgehend beeinflußten, hat ihre bedeutendsten Vertreter in dem aus Westsachsen gebürtigen Gelehrten Aldhelm (639—709) einerseits und dem unbekannten Beowulf-Dichter andererseits.

8. In England hatten sich die germanischen Stämme[1]) zu sieben Königreichen (der sog. Heptarchie), die sich ständig befehdeten, zusammengeschlossen: Kent, Sussex, Wessex, Essex, East Anglia, Mercia, Northumbria. Die Vorherrschaft über ganz England wanderte vom 7.—9. Jh. innerhalb der drei mächtigsten Königreiche von Norden nach Süden: Nordhumbrien (unter Edwin und Oswiu) → Mercien (unter Penda und Offa) → Wessex (unter Egbert und Alfred d. Gr.).

Die Angelsachsen brachten das bis in die Zeit nach der Völkerwanderung bei allen germanischen Stämmen mündlich überlieferte germanische Gewohnheitsrecht mit sich vom Festland nach England. Während die ältesten germanischen Rechtsaufzeichnungen vom 5. bis zum 9. Jh. (Lex Salica, Lex Ribuaria, Lex Baiuvariorum usw.) in Schrift und Sprache der Antike entlehnt sind und auch die königliche Gesetzgebung des fränkischen Reiches in lateinischer Sprache abgefaßt ist, erscheint die angelsächsische Gesetzgebung vom 7.—11. Jh. schon in ihren frühesten schriftlichen Denkmälern in der Volkssprache[2]). Seit der Mitte des 8. Jhs. werden

[1]) A. Olrik, Nordisches Geistesleben in heidnischer und frühchristlicher Zeit, Deutsch von W. Ranisch, Heidelberg 1925². — A. Heusler, Germanentum (Vom Lebens- und Formgefühl der alten Germanen), Heidelberg 1934. — T. E. Karsten, Die Germanen. Eine Einführung in die Geschichte, Sprache und Kultur. Berlin 1928. In: Grundriß der germ. Phil., Bd. 9. — H. M. Chadwick, Studies on Anglo-Saxon Institutions, repr. New York 1963.
[2]) F. Liebermann, Die Gesetze der Angelsachsen, 3 Bände, Halle 1903 bis 1916 (mit Glossar in II, 1). — K. A. Eckhardt (Ed.), Gesetze der Angelsachsen 601—925, Göttingen 1958.

auch die Urkunden vorwiegend in altenglischer
Sprache abgefaßt[1]), in Kent schon von 676 an (ed.
Sweet, EETS 83). Dagegen hat sich die deutsche
Sprache in Rechtsaufzeichnungen erst seit dem
13. Jh. entscheidend durchzusetzen vermocht, nachdem der Sachsenspiegel (um 1220 entstanden), der zunächst
in Latein abgefaßt war, durch den sächsischen Schöffen
und Ritter Eike von Repgow mit großer Mühe ,,ohne
Hilfe und ohne Lehre ins Deutsche gewandt'' worden war.

Egbert (ae. *Ecʒbriht*) von Wessex (802–839), der am
Hofe Karls des Großen gedient hatte, begründete nach
seinem Sieg über die Mercier den englischen Einheitsstaat
unter westsächsischer Führung. Winchester wurde zur
Hauptstadt des Landes. Unter seiner Regierung und der
seiner Nachfolger begannen die Einfälle der Skandinavier
(von den Angelsachsen unterschiedslos *Dene* oder *hǣþene*
'Dänen, Heiden' genannt), die schon seit 787 die Küsten
Englands regelmäßig geplündert hatten. Sie erreichten
867 ihren Höhepunkt, als die Wikinger von den drei Königreichen der Angeln Besitz ergriffen und somit ²/₃ des
ganzen Landes, die sog. *Denalaʒu* (Danelaw), unter ihre
Herrschaft brachten[2]). Als Einfallstore dienten ihnen
Humbermündung und Wash. Die Sachsenchronik, das
älteste Geschichtswerk in germanischer Sprache, berichtet über die folgenden Unglücksjahre (s. S. 127ff.).

9. Der Retter des durch Wessex verkörperten Südengland wurde Egberts Enkel Alfred der Große (871 bis

---

[1]) Gesammelt von J. M. Kemble, Codex diplomaticus aevi Saxonici,
6 Bände, London 1839—1848 und B. Thorpe, Diplomatarium aevi Saxonici, London 1865. — W. B. Saunders, Facsimiles of Anglo-Saxon manuscripts, 3 Bände, Southampton 1878—1893. — D. Whitelock, Anglo-
Saxon Wills, Cambridge 1930. — A. J. Robertson, Anglo-Saxon Charters,
Cambridge 1939.

[2]) W. G. Collingwood & F. York Powell, Scandinavian Britain, London
1908. — P. H. Sawyer, The Age of the Vikings, London 1962, 1972². — A. J.
Gurevich, Campaigns of the Vikings, Moscow 1966.

900)[1]), der den Dänenfürsten Guthrum besiegte und in die *Denalaʒu* zurückwies (Vertrag von Wedmore 878). Nach einem Vertrag im Jahre 886 wurde sein Reich von der *Denalaʒu* durch die Themse, walisische Grenze und Watling Street (*strata Vitelliana*, alte Römerstraße, die von Dover über Canterbury und Rochester nach London führte) geschieden. Er führte ein großes Wiederaufbau- und Bildungswerk seines Landes durch, in das er Kräfte von überallher einspannte. Seine Zeit war der heldischen Dichtung entwachsen und wandte sich Lebensfragen zu. Durch Übersetzung führender lateinischer Bücher der Zeit ins Westsächsische, teils durch ihn selbst, teils unter seiner Aufsicht, verschaffte er seinem Volk Bildungsstoffe. So wurden übersetzt: die ,,Cura Pastoralis'' (ae. *Hierdebōc*) Papst Gregors[2]), die Weltchronik ,,Historia adversus Paganos'' des spanischen Mönchs Orosius (5. Jh.)[3]), Bedas ,,Historia ecclesiastica''[4]), Boethius' ,,De Consolatione Philosophiae''[5]), Augustins ,,Soliloquia''[6]) und schließlich die ,,Dialoge Gregors''[7]); die Sachsenchronik wurde fortgeführt, die anglische Dichtung in den westsächsischen Dialekt umgeschrieben. Alfreds Vorrede zu Gregor, abgesehen von den Annalen das erste bedeutende (wenn auch häufig noch schwerfällige) ae. Prosastück, bildet den Prolog zu seiner kulturellen Tätigkeit, sein Vorwort zu Au-

---

[1]) Über Alfreds Todesjahr (899 oder 900) vgl. Smith (S. 126[3]), S. 52. — Ch. Plummer, The Life and Times of Alfred the Great, Oxford 1902. — P. J. Helm, Alfred the Great, London 1963.

[2]) H. Sweet, King Alfred's West-Saxon Version of Gregory's Pastoral Care, with an English Translation, London 1871/72 (Early English Text Society 45. 50.).

[3]) H. Sweet, King Alfred's Orosius, London 1883, Early English Text Society 79.

[4]) J. Schipper, König Alfreds Übersetzung von Bedas Kirchengeschichte (,,Bibl. der ags. Prosa'' Bd. IV), Leipzig 1897—1899.

[5]) Kurt Otten, König Alfreds Boethius, Tübingen 1964.

[6]) W. Endter, König Alfreds des Großen Bearbeitung der Soliloquien des Augustinus, Hamburg 1922. (,,Bibl. der ags. Prosa'' Bd. XI.)

[7]) H. Hecht, Die Dialoge Gregors des Großen, Hamburg 1900—1907. (,,Bibl. der ags. Prosa'', Bd. V.).

gustin deren Epilog. Durch diese Übersetzungen legte Alfred die Grundlage für die ae. Prosa, die ein Jahrhundert später in Abt Aelfric und dem Homiletiker Wulfstan (ed. A. Napier 1883, K. Ostheeren 1966) eine neue Blüte erlebte. Zugleich wurde sein ws. Dialekt zur gemeinenglischen Literatursprache erhoben (s. § 17).

10. Alfreds Nachfolger Edward, Athelstan und Edmund dehnten ihre Macht auch auf das Danelaw-Gebiet aus. Dunstan (924–988), Erzbischof von Canterbury, führte als Berater mehrerer englischer Könige etwa in der Stellung eines Richelieu die Benediktiner-Reform im Geiste der frz. Klöster Cluny und Fleury in England durch[1]). Bei seinem Tode wurde England unter dem schwachen Ethelred (978–1016) von neuen Skandinavierscharen, geführt vom Dänenkönig Sweinn, überschwemmt. Sweinns Sohn Knut der Große (1016–1035) machte sich zum Herrscher über ganz England, vereinigte zum ersten Male Dänemark und Norwegen und schuf damit eine große nördliche Seemacht, die unter seinen Söhnen jedoch wieder zerfiel.

11. Der letzte Herrscher aus dem westsächsischen Königshaus, Eduard der Bekenner (1042—1066)[2]), wandte Englands Gesicht von Skandinavien nach Frankreich. Er hatte seine Jugend in der Normandie zugebracht und besetzte bei seinem Regierungsantritt hohe Ämter in Kirche und Staat mit normannischen Günstlingen (der Normanne Robert von Jumièges z. B. wurde Erzbischof von Canterbury). Er ist der Wegbereiter der neuen und letzten großen Invasion Englands: der normannischen Eroberung von 1066. Bei seinem Tode (1066) wurde Harold, der Sohn des mächtigen ags. Herzogs Godwin († 1053), vom *witena ʒemōt* zum König gewählt. Doch noch im gleichen

[1]) R. W. Southern, The Life of Edward the Confessor, London 1965.
[2]) J. A. Robinson, The Times of Saint Dunstan, Oxford 1923.

Jahre erhob der Normannenherzog Wilhelm der Eroberer Ansprüche auf den englischen Thron und setzte mit einem Heer nach England über. Wie einst das keltische Britannien dem Zweifrontenangriff von Pikten und Skoten im Norden und Germanen im Süden erlag, so wurde jetzt das ags. England im Herbst 1066 im Norden von Skandinaviern, im Süden von Normannen angegriffen, und wieder fiel der Sieg den südlichen Angreifern zu. Am 14. Oktober wurden die Engländer bei Senlac (Hastings) von den kriegstechnisch überlegenen Normannen[2]) völlig geschlagen, und Weihnachten 1066 ließ sich Wilhelm zu Westminster krönen[3]). Die ae. Zeit hatte damit auch äußerlich ihren Abschluß gefunden.

3. Literaturperioden.

12. Der Niederschlag der vier folgenreichsten Ereignisse in der ae. Geschichte:

1. Einfall der Germanen in England (428) 449,
2. Einführung des römischen Christentums 596,
3. Beginn des ae. Einheitsstaates unter ws. Führung 827,
4. Eroberung Angliens durch die Skandinavier 867,

erscheint in der ae. Literatur[4]), deren älteste Quellen mit dem Anfang des 8. Jhs. einsetzen, als:

a) Die altnationale Dichtung (Heil- und Zauberdichtung, Wīdsīþ, Beowulf, Finnsburg, Waldere).

[1]) C. W. Hollister, Anglo-Saxon Military Institutions on the Eve of the Norman Conquest, Oxford 1962.
[2]) Alan Lloyd, The Year of the Conqueror, London 1966. — David C. Douglas, William the Conqueror, London 1964. — H. R. Loyn, Anglo-Saxon England and the Norman Conquest, London 1970.
[3]) Fr. Schubel, Englische Literaturgeschichte I: Die alt- und mittelenglische Periode, Berlin 1954, 1967² (Göschenband Nr. 1114) verzeichnet auf S. 7—8 die wesentlichsten Darstellungen der altenglischen Literatur, wozu Margaret Schlauch (Warszawa 1956, London 1967), K. H. Göller (Berlin-West 1971) u. a. zu ergänzen sind (s. S. 7 unter g).

b) **Die christliche Dichtung** (Cædmon, Cynewulf, Elegien, Hymnen, Bibelepen, Legenden, Rätsel, didaktische Dichtung, Weltuntergangsdichtung).

c) **Die altenglische Schriftliteratur** (Übersetzungsliteratur, Umschrift der anglischen Dichtung ins Westsächsische, Prosa, König Alfred, Aelfric, Wulfstan).

d) **Erlöschen der anglischen Dichtung** (die neuen Herren Angliens sprachen skandinavisch).

4. Einfluß fremder Sprachen auf das Altenglische.

13. Das Keltische.

Sein Einfluß auf das Ae. war sehr gering (s. § 5). Nur etwa ein Dutzend Wörter wurden entlehnt, die zwei verschiedenen Schichten angehören: 1. einer mündlich-volkstümlichen und 2. einer theologisch-gelehrten der irischen Mission[1]).

Gesicherte Beispiele zu 1.: ae. *assa* 'Esel' (< air. *assan*), ne. *ass*; ae. *binn* 'Korb', ne. *bin* 'Behälter'; ae. *bratt* 'Mantel', ne. schott. *brat* 'Schürze'; ae. *brocc* 'Dachs', ne. dial. *brock*, sonst *badger*; ae. (ndh.) *carr* 'Felsen', ne. dial. *carr*; ae. *-cumb* 'Tal' in Ortsnamen, ne. *coomb*, *combe* 'Talmulde'; ae. *luh* 'See', ne. *loch*, *lough*; ae. *wealh* 'der Fremde, Welsche, Sklave[2])' = Mann aus Wales (!); — zu 2.: ae. *drȳ* 'Zauberer' (< air. *drūi*, Pl. *drūid* 'Druide, Zauberer, Weiser'); ae. *cursian* 'fluchen' (kelt.?), ne. *curse*; ae. *ʒabolrind* in den ältesten Glossaren als Übersetzung von lat. *circinus* 'Zirkel' (< air. *ʒabul* 'Gabel' und *rind* 'Spitze'). Dazu kommen verhältnismäßig zahlreiche kelt. Personen-, Orts- und

---

[1]) M. Förster, Keltisches Wortgut im Englischen, Halle 1921. (Liebermann-Festschrift S. 119—242).

[2]) F. Holthausen, Altenglisches etymologisches Wörterbuch, Heidelberg 1934. — Vgl. nhd. *Slave* > *Sklave* (Kluge-Mitzka, Etymologisches Wörterbuch der deutschen Sprache, Berlin 1975[21]).

Flußnamen[1]). Ein kelt. Lehnwort aus urg. Zeit ist ae.
rīče (got. *reiki*, ahd. *rīhhi*, aisl. as. *rīki*) 'Reich', das von
den Germanen nach England mitgeführt wurde.

14. Das Lateinische

Der bedeutend stärkere Einfluß der lat. Sprache auf die
ae. mag in zwei Perioden aufgeteilt werden: die vor- und
nachchristliche (596). Zu der ersten[2]) gehören alle die Wörter, welche die Angeln, Sachsen und Jüten mit sich vom
Kontinent nach England führten, z. B. ae. *wīn, strǣt strēt,
mynet, mīl, mylen, assa* < lat. *vīnum, strāta (via), mo-
nēta, mīlia, molīna, asinus,* wie auch solche, die sie erst nach
ihrer Übersiedlung von den romanisierten Kelten übernahmen, z. B. ae. *čeaster, seʒn* 'Feldzeichen', *port* < lat.
castra, signum (vulgärlat. *segno*), *portus.* Die auf dem Kontinent aus dem Lat. entlehnten Wörter beziehen sich
hauptsächlich auf Handel, Verkehr und Wirtschaft, während die erst in England von den Germanen übernom-
menen Bezeichnungen sich besonders auf Kriegs- und
Siedlungswesen erstrecken. Der ,,Beowulf'' weist etwa
zwanzig lat. Lehnwörter auf: *ancor, camp-cempa, candel,
čēap, čeaster, dēofol, disc, draca, ʒīʒant, ʒim(m), ʒe-lafian,
mīl, nōn, orc, scrīfan, seʒn, strǣt, træf, weal(l), wīč, wīn* <
lat. *ancora, campus, candēla, caupō* 'Schenkwirt', *castra,
diabolus, discus, dracō,* flekt. *gigant-, gemma, lavāre, mīlia*
'1000 Schritte', *nōna (hōra), orca-orcus, scrībere, signum,
strāta (via), trabs* 'Balken', *vallum, vīcus, vīnum.*

Weit mehr Lehnwörter drangen mit der Christianisierung ins Englische[3]). Die griech.-lat. Terminologie wurde
wie auf dem Kontinent auf den Gebieten der Kirche, des
Klosters, des Schulwesens, der Medizin, des Gartenbaus

---

[1]) M. Förster, Der Flußname Themse und seine Sippe, München 1941.
[2]) A. Pogatscher, Zur Lautlehre der griech., lat. und roman. Lehn-
worte im Ae., Straßburg 1888.
[3]) H. S. Mac Gillivray, The Influence of Christianity on the Vocabulary
of Old English, Halle 1902. — O. Funke, Die gelehrten lat. Lehn- und
Fremdwörter in der ae. Literatur, Halle 1914.

usw. herrschend: ae. *biscop, prēost, offrian, abbod, munuc, scōl, mæʒester, læden, līlie, butere* usw. < lat. *episcopus, praepositus*[1]), *offerre, abbātem* (N. *abbās*), *monachus, schola, magister, latīnus* (vulg.-lat. *ladīnus*), *līlium* (Pl.-*a*), *butyrum*. Doch waren den Angelsachsen schon lange vor ihrer Bekehrung einige christliche Bezeichnungen vertraut, wie ae. *čiriče, mynster, dēofol, enʒel* < vulg.-lat. *cyrīca* (gr. Pl. *kuriaká*), lat. *monastērium, diabolus, angelus*. Recht interessante Aufschlüsse bietet die in vollem Umfang noch nicht geleistete Untersuchung, wie die Inselgermanen neben der bloßen Übernahme des lat. Fremdworts die Fülle der neuen und wesensfremden Vorstellungen des Christentums sprachlich zum Ausdruck brachten (vgl. § 3).

Durch die späteren, besonders ws. Übersetzungen aus dem Lateinischen ist auch die englische Syntax beeinflußt worden[2])

15. Das Skandinavische

Trotz der großen Skandinavierscharen, die nach ihrem Einfall in England (s. §§ 8, 10) das Schwert mit dem Pflug vertauschten, lassen sich vor 1100 im Ae. nicht mehr als etwa fünfzig Lehnwörter aus dem Skandinavischen mit einiger Sicherheit nachweisen[3]). Anderseits taucht in frühme. Zeit eine große Anzahl skand. Wörter auf, und schon seit dem Jahre 1000 etwa überwiegen in gewissen Gebieten Englands skand. Personen- und Ortsnamen[4]). Diese auffällige Tatsache erklärt sich von verschiedenen Seiten her: Altenglisch und Altnordisch ähnelten sich noch sehr und

---

[1]) Aber ahd. *prēstar*, nhd. *Priester* < lat. *pres(by)ter* (W. Horn, Sprachkörper S. 15).

[2]) J. E. Wülfing, Die Syntax in den Werken Alfreds des Großen, (2 Bände) Bonn 1894—1901. — Manfred Scheler, Altenglische Lehnsyntax. Die syntaktischen Latinismen im Altenglischen. Berlin 1961.

[3]) E. Björkman, Scandinavian Loan-Words in Middle-English, Part I, Halle 1900, S. 3; Part II, 1902.

[4]) Ders., Nordische Personennamen in England, Halle 1910. — E. Ekwall, Scandinavians and Celts in the North-West of England, Lund 1918.

hatten in unzähligen Fällen dieselbe Wortform (vgl. § 44, I c, II c); der Verschmelzungsprozeß der beiden germ. Dialekte war noch nicht durchgeführt; der skand. Einfluß war in Südengland (Alfred der Große), das uns die ae. Literatur in ws. Abschriften übermittelt hat, nur gering. Erst später drangen die skand. Lehnwörter von Norden her ein. Daß aber selbst nordische Formwörter, besonders die Pronomen me. *þei, þeire, þeim* (ae. *hīe, hi(e)ra, him*) ins Englische gedrungen sind – wofür es in anderen Sprachen keine Parallele gibt – beweist die tiefe Einwirkung des verwandten Skandinavischen. In vielen Fällen hat es auch Ausdrücke des täglichen Lebens verdrängt: ae. *tacan* (für *niman*), *ȝe-crōcod* zu **crōc, fēolaȝa, hūsbonda, rōt* < aisl. *taka, krōkr, fēlagi, hūsbōndi, rōt* (ne. *take, crooked, fellow, husband, root*). Daneben lieferte es eine Anzahl von Rechtsausdrücken, die jedoch infolge der Eroberung Englands durch die Normannen und ihrer neuen Rechtsprechung bis auf folgende wieder aus der englischen Sprache verschwunden sind: ne. *law* < ae. *laȝu* < ur-nord. *lagu (aisl. *lǫg* Pl.); ne. *bylaw* < ae. *bȳ* 'Häusergruppe', häufig in Ortsnamen (*Whitby, Derby*) < aisl. *bȳ*; ne. *outlaw* < ae. *ūtlaȝa* < aisl. *ūt-lagi*; ne. *wrong* < ae. *wranȝ* < anorw. *vrang*; ne. *thrall* < ae. *þræl* < aisl. *þræll*; ne. *crave* < ae. *crafian*, zu aisl. *krefja, krǫf* 'Forderung', Etym. zweifelhaft.

16. Das Französische

An frz. Wörtern lassen sich im Englischen vor 1066 nur drei mit Sicherheit nachweisen: *prūd, -t* 'stolz', *sott* 'dumm', *turnian* 'wenden' (ne. *proud, sot, turn*).

5. Die altenglische Schriftsprache

17. In Alfreds des Großen Zeit begann eine Art ws. Gemeinsprache, die sich im späten 10. und frühen 11. Jh. über ganz England ausbreitete und gleicherweise in York

wie in Canterbury bekannt war. In eben dieser ws. Schrift-
sprache und ws. Schulorthographie ist uns die gesamte
ae. Dichtung in den vier genannten Handschriften (§ 1)
überliefert. Die Heimstätte der ae. Dichtung aber war der
Norden Englands (Anglien). Die Westsachsen haben die
anglischen Texte in ihre Mundart umschrieben. Wir kennen die ae. Sprache daher in der Hauptsache nur in ws.
Mundart, während die heutige englische Hochsprache sich
aus dem Anglischen, dem großen Mittelland-Dialekt her-
leitet.

In der Einleitung zu seiner Ausgabe von König Alfreds
Übersetzung der „Cura Pastoralis" Gregors des Großen
für die Early English Text Society 1871 hat Henry Sweet
das sog. Frühwestsächsische („Early West-Saxon"), das
ist im wesentlichen die Sprache Alfreds, zur Grundlage
des Studiums der ae. Sprache gemacht. Indem er neben
der „Cura Pastoralis" Alfreds Orosius-Übersetzung und
die älteste Handschrift (Parker Ms.) der Sachsenchronik
(s. S. 126[3]) heranzog, schuf er ein normalisiertes Altenglisch, genauer Westsächsisch. Auf dieser Basis schrieben
dann P. J. Cosijn[1]) (auf der Grundlage von König
Alfreds *Hierdebōc*), E. Sievers[2]), J. and E. M.
Wright[3]), um nur die wichtigsten zu nennen, ihre ae.
Grammatiken, so daß heute Sweets normalisiertes
Frühwestsächsisch schlechthin als Altenglisch gilt[4]).

---

[1]) Altwestsächsische Grammatik: Erste Hälfte, Haag 1883; Zweite Hälfte
1886.
    [2]) Angelsächsische Grammatik, Halle 1881. 2. Aufl. (wesentlich umgear-
beitet) 1886, 3. Aufl. (erweitert und verbessert) 1898, unveränderter Abdruck
1921. — In der Neubearbeitung von K. Brunner 1942 sind auch die nicht-
westsächsischen Mundarten weitgehend berücksichtigt.
    [3]) Old English Grammar, Oxford 1908. (3. Aufl. Oxford 1925.)
    [4]) Selbst das ausgezeichnete 'Shorter Oxford Dictionary' (1933) gibt z. B.
noch als Etymon von ne. *hear* = ae. (ws.) *hieran* statt ae. (angl.) *hēran* an,
und F. Holthausens 'Altenglisches etymologisches Wörterbuch' (1934) beschränkt sich ausschließlich auf die frühwestsächsischen Formen.

Mit demselben und vielleicht sogar mit mehr Recht könnte man auch das Spätwestsächsische (Late West-Saxon) in Aelfrics (um 1000) 'Sermones Catholici' oder 'Homiliae Catholicae' (hsg. mit Übersetzung von B. Thorpe, London 1844–46) und seiner lateinischen Grammatik (hsg. von J. Zupitza, Berlin 1880) zur Grundlage der ae. Grammatik machen[1]); denn sprachlich sind sie regelmäßiger und natürlicher als Sweets normalisiertes ,,Early West-Saxon" und künstlerisch als freie Schöpfung den Übersetzungen aus Alfreds Kreis überlegen. Doch ob das eine oder das andere, sie können uns beide nicht als Ausgangspunkt der heutigen englischen Hochsprache dienen. Es ergibt sich also: *für das Studium und die Lektüre der ae. Denkmäler — vorwiegend die (früh- oder spät-) westsächsische Grammatik; für die Sprachgeschichte — hauptsächlich die anglische Grammatik.* Die erste ist in ae. Handbüchern hinreichend dargestellt, die letztere entbehrt aus Mangel an anglischer Überlieferung noch einer zweckdienlichen Bearbeitung.

Mit der normannischen Eroberung fand die ae. Gemeinsprache ihr Ende, und die Dialekte wurden wieder herrschend. Die neuen Herren Englands aber sprachen französisch. Es dauerte lange, ehe sich ein zweites Mal eine Gemeinsprache in England herausbildete (um 1400), aus der dann schließlich die ne. Hochsprache hervorging: das me. London trat an die Stelle des ae. Winchester.

6. Der altenglische (altgermanische) Vers

18. Der Vers der ae. Dichtung[2]) ist der aus dem Urgermanischen ererbte und gemeingermanische Stabreim-

---

[1]) C. L. Wrenn, "Standard" Old English. Philological Society's Transactions 1933, pp. 65—88.
[2]) A. Heusler, Deutsche Versgeschichte, Bd. I, Berlin und Leipzig 1925. — E. Sievers, Altgermanische Metrik, Halle 1893, 2. Aufl. 1905. — W. P. Lehmann, The Development of Germanic Verse Form, Austin 1956.

vers (der Ausdruck findet sich zuerst in der Verslehre des Isländers Snorri Sturluson um 1220; die andere Bezeichnung 'Alliteratio(n)' prägte der Humanist Jovianus Pontanus, † 1503, für die Stabreime im Lateinischen). Aus ahd. Dichtung sind uns nur etwa 200 Stabreimzeilen überliefert (Hildebrandslied, Muspilli usw.), aus as. (Heliand und Genesis-Bruchstücke) rund 6000 plus 335, aus aisl. 7300 eddische Langzeilen (Heusler, S. 89[1]), aus ae. dagegen etwa 30000. Im Gegensatz zum antiken quantitierenden (metrischen) Vers mit Wechsel von kurzen und langen Silben ist der germanische akzentuierend (rhythmisch) mit Wechsel von stark- und schwachbetonten Silben. Der Stabreim ist Gipfelbildner, er dient der akustischen Steigerung von Starkdrucksilben und verleiht dem altgermanischen Vers den Rhythmus. Unter 'Stabreim' versteht man den gleichen Anlaut der am stärksten betonten Wörter innerhalb einer germ. Lang- oder Vollzeile, durch den deren zwei Kurz- oder Halbzeilen, die durch eine Pause (Zäsur) getrennt sind, zusammengehalten werden. Da nach germ. Druckverteilung (s. § 47) die Wurzelsilbe eines Wortes, die meist die Anfangssilbe ist, den Starkdruck trägt, stellt der Stabreim einen (emphatisch-rhetorischen) Anlautreim im Gegensatz zum späten (melodischen) Endsilbenreim dar.

Es 'staben':

1. Stets der gleiche Anfangskonsonant, doch die Verbindungen *sc, st, sp* nur je mit sich selbst (konsonantischer Stabreim):

Beow. 18 f. Bēowulf wæs brēme, blǣd wīde spranȝ,
                Scyldes eafera, Scedelandum in.

Beowulf wurde berühmt, — sein Ruhm verbreitete sich weithin, — der Sohn des Scyld, in Schonen (Dänemark).

2. Alle Vokale nach Belieben miteinander (vokalischer Stabreim):

Beow. 3   hū þā æþelinȝas   ellen fremedon.

                   Vgl. S. 39 o.

Beow. 33   īsiȝ ond ūtfūs   æþelinȝes fær.

(Da lag im Hafen das am Steven beringte Schiff) eisbedeckt und fahrtwillig, das Fahrzeug des Edlen.

Die Erklärung, daß im Gegensatz zu gleichen Konsonanten verschiedenartige Vokale miteinander staben, liegt vielleicht darin, daß im Ae. (wie teilweise nhd., nicht aber ne. und nfrz.) zumal bei den stabbildenden Anlautvokalen ein Knackgeräusch, ein Kehlkopfverschlußlaut (glottal stop) erzeugt wurde, so daß auch hier Gleichklang und eigentlich konsonantischer Stab vorlag. Weniger wahrscheinlich ist die Annahme, urgermanisch hätten nur gleiche Vokale gestabt, bis sie unter Einfluß von Nachbarlauten verändert worden seien und das Muster für die Ungleichheit in den anderen Vokalen abgegeben hätten.

Ursprünglich deckten sich germ. Langzeile und Satz (sog. strenger Zeilenstil), später bildeten zwei Langzeilen eine Einheit (sog. freier Zeilenstil wie im „Finnsburglied"), und schließlich stehen Langzeile und Satz im Widerspruch (sog. Bogenstil wie im „Beowulf"). Die germ. Langzeile hat gewöhnlich vier (jede Halbzeile zwei) Starkdrucksilben, aber nur zwei oder drei von ihnen tragen den Stabreim. Den vier Starkdrucksilben entspricht eine ungeregelte Anzahl von Schwachdrucksilben (also kein regelmäßiger Wechsel). In der zweiten Halbzeile stabt stets nur eine, und zwar die erste Starkdrucksilbe, so daß man von dieser am besten zur Bestimmung des Stabes einer Langzeile ausgeht. Die drei normalen Stellungen sind (st. = stabende, stl. = stablose Starkdrucksilbe):

$$\left.\begin{array}{l} \text{1. st. st.} \\ \text{2. st. stl.} \\ \text{3. stl. st.} \end{array}\right\} \text{st. stl.}$$

Die stabenden Starkdrucksilben werden mit größerem Nachdruck als die stablosen gesprochen. In der Regel tragen die Nomina (Substantiv, Adjektiv, Nominaladverb, Infinitiv und Partizip) den Stabreim, da dieser nur die stärkstbetonten Wörter des Verses hervorheben soll, es folgen die Verba und schließlich die Formwörter (Pronomen, Hilfsverb, Präposition, Konjunktion, Pronominaladverb, Partikel), so daß sich folgende Stufenleiter abnehmender Druckstärke der einzelnen Wortklassen ergibt: Nomina → Verba → Formwörter. Die letzten staben gewöhnlich nicht, es sei denn bei starkem Nachdruck:

Beow. 1654 *tíres tō tácne*   *þe þū hēr tó lócast.*

... zum Zeichen des Ruhms, auf die (*þe .. tō,* zu *sǣlāc* Seebeute) du hier blickst.

In der ae. Dichtung herrscht die 10-silbige Zeile vor: 9-, 10- und 11-silbige Zeilen umfassen 68% im ,,Seefahrer", 74% im ,,Wanderer" und 81% im ,,Beowulf" (s. ,,Neuphilologische Mitteilungen" 75, Helsinki 1974, S. 66—73).

Ae. ungenaue Stabreime (wie Beowulf 13: *ʒeonʒ in ʒeardum / þone ʒod sende*) erklären sich historisch (§ 44, Ia). Im allgemeinen werden die alten Stabreimgesetze schon ae. recht schematisch angewandt, spät-ae. vernachlässigt und in me. Zeit (wo die Stabreimdichtung im westlichen und nordwestlichen Mittelland bis etwa 1400 fortlebte) wie auch in neuerer (W. Morris, R. Wagner) nicht mehr ver-

standen. Sie wurden erst spät erkannt und dargestellt[1]).
Bis heute hat sich der Stabreim in voller Kraft auf Island
erhalten.

Um die Frage, wie der germanische Vers zu lesen sei,
hat sich E. Sievers mit seinem „Fünftypensystem"
(s. Kaluza, § 27 ff.) bemüht[2]), ist aber später wieder davon
abgekommen[3]). Seine fünf Typen oder Grundformen für
den metrischen Bau der Halbzeile sind (wobei x eine oder
mehrere Silben unter dem Schwachdruck darstellt):

$$1. \; \acute{} \; x \; \acute{} \; x$$
$$2. \; x \; \acute{} \; x \; \acute{}$$
$$3. \; x \; \acute{} \; \acute{} \; x$$
$$4. \; \acute{} \; \acute{} \; \grave{} \; x$$
$$5. \; \acute{} \; \grave{} \; x \; \acute{}$$

Auf dem wertvollen statistischen Material von E. Sievers' Untersuchungen aufbauend, hat A. Heusler unter
Berücksichtigung der Zeitwerte und unter Ansetzung von
Pausen an Stelle gesprochener Silben seine „Zweitakt-
lehre" entwickelt. Herm. Möller und andere hatten schon
Vorarbeit geleistet (Heusler, Versgeschichte § 180). Heusler verleiht dem Kurzvers (der Halbzeile) den Wert von
zwei vollen Noten (zwei Langtakten), die er in $\frac{1}{2}$, $\frac{1}{4}$, $\frac{1}{8}$,
$\frac{1}{16}$ Noten aufteilt. Die Langzeile besteht aus vier Gip-
feln = vier $\frac{4}{4}$ Takten. Der Vers erhält dadurch sprach-
gemäßen natürlichen Rhythmus, die Reimstäbe werden
wirksam zu Gehör gebracht. „Das 'Rezept', die Verse
metrisch zu lesen, ist einfach. Über die zwei Gipfel des

---

[1]) M. Rieger, Die alt- und angelsächsische Verskunst, Halle 1876 (Zeitschrift für deutsche Philologie VII, Heft 1).
[2]) E. Sievers, Zur Rhythmik des germ. Alliterationsverses („Beiträge
zur Gesch. der deutschen Sprache u. Lit." Bd. X, 1885, S. 209—314, 451 bis
545); Ders., Der ags. Schwellvers („Beiträge" Bd. XII, 1887, S. 454—482).
[3]) Die Neueren Sprachen (1925), 6. Beiheft (Luick-Festschrift): 'Zu Cynewulf'. — Heusler, § 165.

Kurzverses besteht selten Zweifel, und damit ist das
weitere meist gegeben." (Heusler, S. 140 unten.) Es folgt
Heuslers metrische Umschrift (S. 143f.) von Cædmons
Hymnus (s. auch S. 122 und 127) in Notenschrift, wobei ″stärkste Hebung, ′Haupthebung, ‵Nebenhebung,
″stärkere Nebenhebung bezeichnen[1]).

1. Nū sculon heriȝean
   heofonrīces weard,

2. meotodes meahte,
   and his mōdȝeþanc,

3. weorc wuldorfæder,
   swā hē wundra ȝehwæs,

4. ēce drihten,
   ōr onstealde.

5. Hē ǣrest sceōp
   eorþan bearnum

6. heofon tō hrōfe,
   hāliȝ scyppend;

7. þā middanȝeard,
   moncynnes weard,

8. ēce drihten,
   æfter tēode,

9. fīrum foldan,
   frēa ælmihtiȝ.

Anschließend geben wir den Anfang des „Beowulf"
mit Hebungen (′) und Stäben (Kursiv) wieder:

[1] Eine neue Verstheorie hat J. C. Pope, The Rhythm of Beowulf, Yale
Univ. Press, New Haven 1942, 1966², entwickelt. — A. J. Bliss, The Metre
of Beowulf, Oxford 1958 und An Introduction to Old English Metre, Oxford
1962. — Thomas Cable, The Meter and Melody of Beowulf, Urbana 1974.

1 Hwæt, wē *Gárdéna*
  *þ*éodcýninᴈa,
  hū þā *æ*þelínᴈas
  Oft *Scýld Scéfin*ᴈ
5 *mó*neᴈum *mæ*ᴈþum,
  *é*ᴈsode *é*orl(as),
  *f*éasceaft *f*únden;
  *wé*ox under *wó*lcnum,
  óþ þæt him *æ*ᴈhwylc
10 ofer *h*rónráde
  ᴈómban ᴈýldan;

in ᴈ*é*ar*dá*ᴈum,
þrým ᴈefrú(ᴈ)non,
*é*llen *f*rémedon.
*scéa*þena þréatum,
*m*éodosetia oftéah,
syþþan *æ*rest wéarþ
hē þæs *f*rófre ᴈebád,
*wé*orþmyndum þáh,
*ý*mbsíttendra
*h*ýran scólde,
þæt wæs ᴈód cýninᴈ!

1 Wahrlich, wir erfuhren von dem Ruhm der Speerdänen,
  Der Volkskönige, in Tagen der Vorzeit,
  Wie die Edelinge Heldentaten vollbrachten.
  Oft entzog Scyld-Scefing den Scharen der Feinde,
5 Manchen Volksstämmen ihre Metsitze,
  Erschreckte die Krieger, nachdem er zuerst
  Hilflos gefunden worden war; er erlangte Trost dafür,
  Er wuchs (wurde mächtig) auf Erden, gedieh an Wert-
                             schätzung,
  Bis ihm jeder der Umwohnenden
10 Über die Walfischstraße (= das Meer) hin gehorchen
                             mußte,
  Tribut zahlen; das war ein guter König[1]).

7. Die altenglische Schrift.

19. Die Angeln, Sachsen und Jüten brachten die zum
Einritzen bestimmte gemeingermanische Runenschrift
mit sich vom Kontinent nach England[2]). Mit der Christianisierung führten die irischen Missionare die latei-

[1]) Lehnert, Beowulf, Sammlung Göschen, Bd. 1135, S. 20.
[2]) H. Arntz, Handbuch der Runenkunde, Halle 1935. 2. Aufl. 1944. —
R. Dérolez, Runica Manuscripta, Brügge 1954. — R. W. V. Elliott, Runes:
An Introduction, Manchester 1959. — L. Musset, Introduction à la Runologie,
Paris 1965. — Wolfgang Krause, Runen, Sammlung Göschen, Band 1244,
Berlin 1970. — R. I. Page, An Introduction to English Runes, London 1973.

nische Schrift in irischer Abart ein[1]), die dann zur Aufzeichnung der ae. Sprachdenkmäler verwendet wurde.
Nur wenige Runeninschriften sind uns aus dieser Zeit
überliefert[2]), besonders die Inschriften des Kreuzes von
Ruthwell in Northumberland[3]) und Bewcastle in Cumber-
land[4]) sowie die des ae. Runenkästchens aus Walroßzahn
mit Darstellungen zur Wielandsage im Britischen Museum[5]). In der zweiten Hälfte des 8. Jhs. hat der ae.
Dichter Cynewulf in vier seiner Dichtungen seinen Namen
in Runen durch eingestreute Akrosticha der Nachwelt
überliefert. In den ,,Rätseln'' des Exeter-Buches und dem
verwandten ,,Runenlied'' aus dem 10. Jh. werden den
Strophen jeweils Runenzeichen für bestimmte Begriffe
vorangestellt und dann kunstvoll erklärt[6]).

Die ae. 'insulare' Schrift hat eine längere Ahnenreihe:
Aus der Kapitalschrift der römischen Denkmäler (A, E,
H, M, D) entwickelten sich durch die Verwendung des
Schilfrohrs zum Schreiben die gerundeten Unzialen (ɑ, ϵ,
ʰ, ɱ, ð) und aus diesen die leichter und schneller schreib-
baren Halbunzialen (b, d, a, m, n, ſ, f, r, g konnten für B,
D, A, M, N, S, F, R, G eintreten). Die Iren, die statt des
Schilfrohrs nunmehr die Gänsefeder verwendeten, bil-
deten die runde Halbunziale zu der für die britischen

---

[1]) Auch auf dem Kontinent wurde die Runenschrift nach der Einführung
des Christentums vom lat. Alphabet bald verdrängt, worüber Otfried in
der Einleitung zu seiner ahd. Evangelienharmonie (vollendet zwischen 863
und 872) klagt: *Res mira, tam magnos viros, sapientia latos, sanctitate prae-
claros, cuncta haec in alienae linguae gloriam transferre et usum scripturae in
propria lingua non habere.*

[2]) M. Olsen, Runic Inscriptions in Great Britain, Ireland and the Isle
of Man, Bergen 1955. — H. Marquardt, Die Runeninschriften der Britischen Inseln, Göttingen 1961.

[3]) Auch bei Zupitza-Schipper, Alt- und mittelenglisches Übungsbuch, als
Nr. 4 abgedruckt.

[4]) W. G. Collingwood, Northumbrian Crosses of the Pre-Norman Age,
London 1927.

[5]) W. Viëtor, Das ags. Runenkästchen aus Auzon bei Clermont-Fer-
rand, Marburg 1900.

[6]) K. Schneider, Die germanischen Runennamen. Versuch einer Ge-
samtdeutung. Meisenheim 1956.

Inseln charakteristisch gewordenen spitzen Insularschrift um. In dieser sind die Buchstaben *f*, *g*, *r*, *s* vom lateinischen Alphabet besonders abweichend (*F*, ȝ, *ꞃ*, *ꞅ*)[1]). Von den Iren übernahmen die Angelsachsen auch den Gebrauch mehrerer tironischer Noten wie 7 (so fast ausnahmslos im ,,Beowulf'') für *and* (et), *l* für *oþþe* 'oder' (lat. *vel*). Die gelegentlich in ae. Handschriften vorkommende Bezeichnung von Vokalen durch Akzent (*á*) ist wohl Lese- und nicht Längezeichen, das zur Hervorhebung und Verdeutlichung dient[2]). Dieser Akut steht besonders auf einsilbigen Wörtern und einsilbigen Elementen von Zusammensetzungen, die allerdings häufig etymologisch langen Vokal haben (im ,,Beowulf'' etwa 125 Beispiele). An Abkürzungen begegnen gewöhnlich in den ae. Handschriften: ⁻ über Vokal = *m*, ⁻ über Konsonant = *er*, ⁓ = *or* (*frō*, *ǣft*, *ō̃f*, *f̃* = *from*, *æfter*, *ofer*, *for*); *þoñ*, *hwoñ*, *þ* = *þonne*, *hwonne* (§ 28,4), *þæt*. Im ,,Beowulf'' sind die Abkürzungen für *m*, *þonne* und *þæt* besonders häufig. Aber das lateinische Alphabet reichte nicht zur Bezeichnung sämtlicher ae. Laute aus[3]), und man mußte in einigen Fällen nach Ersatz suchen. In den ältesten ae. Quellen drückte man germ. *w* durch *uu* aus (daher ne. *w* = *double u*), die dentale Spirans (ne. *th*) durch *th*. Im 9. Jh. traten die Runenzeichen Ᵽ (ae. *wynn* 'Wonne') und Þ (ae. *þorn* 'Dorn'), doch nunmehr mit rundem Bogen þ, þ, an deren Stelle. Neben þ verwendete man zur Bezeichnung sowohl der sth. als auch der stl. Spirans das Zeichen ð (durchstrichenes *d*), das jedoch seit etwa 930 seltener wird. Wie þ, ð sind auch zahlreiche andere ae. Lautzeichen, etwa

[1]) Vgl. die Schriftproben in Hoops' Reallexikon, Bd. I (unter 'Ags. Schrift' von W. Keller). — W. Keller, Ags. Palaeographie ("Palaestra" Bd. 43), Berlin 1906.

[2]) ,,Neuphilologische Mitteilungen", Band LXXII, S. 699—710, Helsinki 1971.

[3]) Dieselbe Schwierigkeit bot die Aufzeichnung der ahd. Sprache, worüber Otfried in seiner Zuschrift an Liutbert sehr klagt.

c, ʒ, h, s, f mehrdeutig (darüber in der Lautlehre). Die Buchstaben *j, qu, v, z,* gewöhnlich auch *k*, wurden von den **ae.** Abschreibern nicht gebraucht, dafür ʒ, *cw, f, s* oder *ts, c.* Für *cs* wird meist *x* geschrieben (§§ 42,2 ; 46,3 Anm.). Bei den Vokalen bot die Bezeichnung des aus germ. *a* entstandenen *æ*, eines dem ne. *æ* in *sat, glad* usw. entsprechenden überoffenen *e*-Lautes Schwierigkeiten, wie auch die des offenen *ǫ* < germ. *a* vor Nasalen (§ 28, 4). Das erste gab man durch verschlungenes (Ligatur) *a + e* (= *æ*) wieder zur Kennzeichnung, daß der Laut zwischen diesen beiden Lauten lag, für das letztere schrieb man bald *a*, bald *o*, da das lat. Alphabet für die drei Laute *a, ǫ, o* nur die beiden Zeichen *a* und *o* bot.

Unter dem Einfluß der karolingischen (kontinentalen) Schrift, mit der die Angelsachsen durch die von Cluny und Fleury ausgehende Klosterreform gegen Ende des 10. Jhs. bekannt geworden waren, bildete sich im Spät-ae. die 'reformierte insulare' Schrift heraus. In dieser wurde die breite und steile fränkische Minuskel auf die von den Iren übernommene dünne und schräge ae. Spitzenschrift übertragen. Die ae. Schreiber ersetzten überdies zunächst erst in lateinischen Abschriften die irischen Formen der Buchstaben *a, s, f, r, w, g* (s. oben) durch die karolingischen, die später auch in ae. Texten erscheinen.

II. Lautlehre

Im folgenden geben wir eine kurze Übersicht der Lautentwicklung I. vom Indogermanischen zum Germanischen, II. vom Germanischen zum Westgermanischen und III. eine eingehendere vom Westgermanischen zum Altenglischen.

Entwicklung unter dem Starkdruck

I. Die Lautentwicklung vom Indogermanischen zum Germanischen

a) Vokale

20. Das Idg. hatte folgende Vokale und Diphthonge:

Kurze Vokale: *a, e, i, o, u, ə*[1]).

Lange Vokale: *ā, ē, ī, ō, ū.*

Kurzdiphthonge: *ai, ei, oi, əi; au, eu, ou, əu.*

Langdiphthonge: *āi, ēi, ōi; āu, ēu, ōu.*

Silbische Liquiden und Nasale: $r̥, l̥, m̥, n̥$.

A. Entwicklung ohne Einfluß der Nachbarlaute

21. 1. Die kurzen Vokale *a, e, i, u* bleiben unverändert; *o* und *ə* werden zu *a*.

Beispiele: Idg. **agro-s*, lat. *ager* = urg. **akraz*, got. *akrs*, aisl. *akr*, ahd. as. *accar*, ae. *æcer* (ne. *acre*, nhd. *Acker*); — idg. **edonom*, lat. *edere* = urg. **etanan*, aisl. *eta*, ahd. *ezzan*, as. ae. *etan* (ne. *eat*, nhd. *essen*); — idg. **piskos*, lat. *piscis* = urg. **fiskaz*, got. *fisks*, aisl. *fiskr*, ahd. as. afr. ae. *fisc* (ne. *fish*, nhd. *Fisch*); — idg. **sunus* (neben **sūnus*) = urg. **sunuz*, got. *sunus*, aisl. *sunr*, ahd. as. afr. ae. *sunu* (ne. *son*, nhd. *Sohn*); — idg. **quod*, lat. *quod* = urg. **χuat*, aisl. *hvat*, ahd. *hwaz*, as. *hwat*, ae. *hwæt* (ne. *what*, nhd. *was*); — idg. **pətér* (lat. *pater*) = urg. **fadǽr*, got. as. *fadar*, aisl. *fadir*, ahd. *fater*, ae. *fæder* (ne. *father*, nhd. *Vater*).

2. Von den langen Vokalen bleiben *ī, ō, ū*; dagegen wird

$$\bar{a} > \bar{o}; \quad \bar{e} > \text{urg. } \bar{æ} \begin{cases} \text{got. } \bar{e} \\ \text{nord- u. wg. } \bar{a} \begin{cases} \text{angl. } \bar{e} \\ \text{ws. } \bar{æ}. \end{cases} \end{cases}$$

Neben dem offenen urg. *ǣ*, das man als *ē*[1] bezeichnet, gibt es auch ein geschlossenes urg. *ē*, das als *ē*[2] bezeichnet wird. Dieses letztere, teilweise wohl aus dem idg. Lang-

---

[1]) Nach der hebräischen Grammatik *Schwa indogermanicum* genannt, etwa wie *e* in nhd. *Name* gesprochen.

diphthong *ēi* hervorgegangen, ist in den germ. Einzeldialekten nur in einigen wenigen Wörtern erhalten.

Beispiele: Idg. **sṷino-* (Abstammungsadj. zu idg.
*sū(w)-, s. f.), lat. *suīnus* 'vom Schwein stammend' = urg.
*swīna- (subst. 'das von der Sau Abstammende' = 'das junge
Schwein'), got. *swein* (*ei* = *ī*), aisl. *svīn*, ahd. as. afr. ae. *swīn*
(ne. *swine*, nhd. *Schwein*); — idg. **dhōmos* 'Hinlegen, Satzung',
gr. *thōmós* 'Haufe' = urg. **dōmaz*, got. *dōms* 'Urteil', aisl.
dōmr, as. afr. ae. *dōm* (ne. *doom*); — idg. **sū(w)-* 'Schwein', lat.
sūs = ahd. as. ae. *sū* (ne. *sow*, nhd. *Sau*); — idg. **mātér*, lat.
māter = urg. **mōder*, aisl. *mōdir*, as. *mōdar*, afr. *mōder*, ahd.
muoter, ae. *mōdor* (ne. *mother*, nhd. *Mutter*); — (*ē¹*:) lat. *ēdi-*
mus = got. *ētum*, aisl. *ātum*, ahd. *āzum*, as. *ātun*, ae. (angl.)
ḗton, (ws.) *ǣton* (ne. *ate*, nhd. *aβen*); — (*ē²*:) in ahd. *hēr hier*,
got. aisl. as. afr. ae. *hēr* (ne. *here*, nhd. *hier*); ahd. *kēn kien*, ae.
čēn (nhd. *Kien*); ahd. *mēta miata*, as. *mēda*, afr. *mēde*, ae. *mēd*
(ne. *meed*, nhd. *Miete*); Prät. der red. Verba 1. Kl.: aisl. as.
ae. *hēt*, *lēt* usw. (nhd. *hieβ*, *lieβ*; ne. *let*).

3. Die **Kurzdiphthonge** entwickeln sich bis auf *ei*
ihren Einzelbestandteilen entsprechend: *ai, au, eu* bleiben;
ei > *ī*; *oi*, *əi* > *ai*; *ou*, *əu* > *au*.

Beispiele: Idg. **ṷai*, lat. *vai vae* = got. *wai* (ae. *wā* > ne.
woe; afr. as. ahd. *wē* = nhd. *wehe*); — lat. *auris* (idg. **aus-*)
= got. *ausō* (ae. *ēare* > ne. *ear*; as. ahd. *ōra* = nhd. *Ohr*); —
idg. **leubhos* = urg. **leuƀaz*, got. *liufs¹*) (ae. *lēof* > ne. *lief*;
ahd. *liob* > nhd. *lieb*); — gr. *steiχō* 'schreite' (idg. **steigh·*
'schreiten') = got. *steigan*, aisl. afr. *stīga*, ahd. as. ae. *stīgan*
(nhd. *steigen*); — idg. **oinos*, alat. *oinos* (lat. *ūnus*) = urg.
*ainaz, got. *ains*, aisl. *einn*, ahd. *ein* (ae. *ān* > ne. *a(n)*, *one*;
nhd. *ein(s)*); — idg. **ĝhəi-* 'verlassen' = urg. **ṷai-* in got.
gaidw 'Mangel' (afr. ae. *gād*); — idg. **roudhos* = urg. **rauđaz*,
got. *rauþs*, aisl. *raudr* (ae. *rēad* > ne. *red*; ahd. *rōt* > nhd.
rot); — idg. **stəuros* (in lat. *restaurare*) = urg. **stauraz*, aisl.
staurr 'Pfahl'.

4. Die **Langdiphthonge** werden zuweilen bereits im
Idg. monophthongiert oder fallen bald mit den **Kurz-
diphthongen** zusammen.

¹) Vgl. S. 45¹.

5. Die silbischen Liquiden und Nasale $r̥$, $l̥$, $m̥$, $n̥$ erscheinen germ. als *ur, ul, um, un* (vgl. § 50).

Beispiele: Idg. *$mr̥t(r)om$, lat. *mort-(em)*, *mors* = got. *maúrþr*, ae. *morþ*, *morþor* > ne. *murder* (Einfluß von afrz. *murdre*, das germ. Lehnwort ist), aisl. as. *morþ*, ahd. nhd. *mord* (*ur* > *or* nach § 22, 2); — idg. *$pl̥nos$, lat. *plēnus* = urg. *$fulnaz$ > *$fullaz$, got. *fulls*, aisl. *fullr*, as. afr. ae. (ne.) *full*, ahd. (nhd.) *foll*; — idg. *$km̥tóm$, lat. *centum* (lat. germ. *n* < *m* vor Dental) = urg. *$Χundan$, got. aisl. as. afr. ae. *hund* (vgl. § 74); — idg. *$mn̥t(h)o$-, lat. *mentum* 'Kinn' = urg. *$munþa$-, got. *munþs*, aisl. *mūðr*, ahd. nhd. *mund*, as. ae. *mūþ* nach § 28, 1 (ne. *mouth*).

Durch die zahlreichen Lautzusammenfälle wird so das idg. Lautsystem im Germ. (§ 24) stark vereinfacht: *a*, *o*, *ə* > *a*; *u* = *u* vor *r*, *l*, *m*, *n*; *ā*, *ō* > *ō*; *ī*, *ei* > *ī*; *ai*, *oi*, *əi* > *ai*; *au*, *ou*, *əu* > *au*.

B. Entwicklung unter Einfluß der Nachbarlaute

22. 1. *e* > *i* vor Nasal + Konsonant oder vor *i*, *j* der Folgesilbe im Nord- und Westgermanischen[1]).

Idg. *$uĕntos$ (Part. Präs. zu *$wē$- 'wehen'), lat. *ventus* = got. *winds*, aisl. *vindr*, ahd. *wint*, as. afr. ae. *wind* (ne. *wind*, nhd. *Wind*); — idg. *$medhi̯os$, lat. *medius* = urg. *$midiaz$, got. *midjis*, aisl. *midr*, ahd. *mitti*, as. *middi*, afr. *midde*, ae. *midd* (ne. *mid*, nhd. *mitten*). — Ahd. *dŭ hilfis*, *er hilfit*, ae. (ws.) *þū hilpst*, *hē hilpþ* (vgl. § 76a) zum Inf. ahd. *helfan*, ae. *helpan* (nhd. *helfen*, ne. *help*).

2. *i*, *u* > *e*, *o* vor *a*, *e*, *o* der Folgesilbe im Nord- und Westgermanischen[2]).

Idg. *$uiros$ (lat. *vir*) = urg. *$uiraz$ > *$weraz$, got. *wair*, aisl. *verr*, ahd. as. afr. ae. *wer* 'Mann' (in nhd. *Wergeld*, *Werwolf*); — idg. *$i̯ugom$ (lat. *iugum*) = urg. *$i̯ukan$ > *$jokan$, ahd. *joh*, ae. *ʒ(e)oc* (ne. *yoke*, nhd. *Joch*).

Die Senkung von *i*, *u* > *e*, *o* tritt nicht vor gedecktem Nasal ein (wie natürlich auch nicht vor altem *u* der Folgesilbe).

---

[1]) Im Gotischen wurde jedes *e* zu *i* gehoben.

[2]) Im Ostgerm. (Got.) wurden *i*, *u* > *e*, *o* (geschrieben *aí*, *aú*) nur vor *h*, *hw*, *r*.

Daher: ahd. *giholfan*, ae. *ʒeholpen* : ahd. *gibuntan*, ae. *ʒe-bunden*; — ahd. *wir hulfum*, ae. *wě hulpon* (got. *hulpum*).

Während sonst die Senkung von *u* zu *o* ziemlich regelmäßig eingetreten ist, zeigt die von *i* ʻzu *e* mancherlei Störungen, z. B. in *fisk(r)* (§ 21,1) und in den P. P. der st. Verben I. Klasse (§ 75).

Der Nasaleinfluß auf *e* und *o* wirkt im Ae. fort (§ 28,3).

3. *a, i, u* + Nasal vor χ (= *ach*-Laut < idg. *k*) > *ã, ĩ, ũ* unter Fortfall des Nasals und Nasalierung der durch Ersatzdehnung entstandenen Längen. Die Entnasalierung trat erst in den germ. Einzeldialekten ein.

Urg. **þaŋχtō-* > **þãχtō* > got. as. *þāhta*, ahd. *dāhta*, afr. *þōhte* > *thŏchte*, ae. *þōhte* (ne. *thought*, nhd. *dachte*); — urg. **þuŋχtō-* > **þũχtō* > got. as. *þũhta* 'er glaubte', ahd. *dũhta*, ae. *þũhte* (nhd. *dünkte*); — urg. **þiŋχanan* > **þĩχan* > got. *þeihan*, as. ahd. *thīhan*, ae. *þēon* < **þīhan* (§ 32, 2) (nhd. *gedeihen*).

Daß die Entnasalierung unter Ersatzdehnung erst in den germ. Einzeldialekten eingetreten ist, beweist die Entwicklung im Anglofriesischen, wo altes *a* zu *ō* wurde.

Urg. **braŋχtō* > **brãχtō* > got. as. ahd. *brāhta*, afr. *brōhte* > *brŏchte*, ae. *brōhte* (ne. *brought*).

Diese Entwicklung wird im Ae. fortgeführt (§ 28, 1).

4. *eu* > *iu* vor *i, j* oder *u* der Folgesilbe.

Idg. **leudhi-* zu idg. **leudheros* (gr. ἐλεύθερος, lat. *līber* 'frei') = urg. **liuđi*, aisl. *lȳðir*, ahd. *liuti* (nhd. *Leute*), as. *liudi*, ae. *līode, lēode*; — idg. **leuk(o)t, *leuk(o)s* (gr. λευκός 'weiß, hell', lat. *lūx, lūcēre*) = urg. **leuχ-*, got. *liuh-aþ* (vgl. S. 44[1]) 'Licht', ahd. as. *lioht*, ae. *lī(o)ht lē(o)ht* (ne. *light*, nhd. *Licht*); aber: got. *liuhtjan* (S. 55) = ahd. *liuhten*, as. *liuhtian*, ae. *lī(o)htan līehtan* (§ 31, 8) (ne. *light*, nhd. *leuchten*); — daher auch: ahd. 1., 2. Sg. *biutu, biutis*: Inf. *biotan*, ae. *bēodan* (nhd. *ge-bieten*).

Germ. *eu* = nhd. *ī*; germ. *iu* = nhd. *eu* (s. § 26,4).

b) Konsonanten[1])

23. Das Germ. trennte sich von den übrigen idg. Sprachen besonders durch die von J. Grimm (1821) entdeckte **erste (oder germ.) Lautverschiebung**, die, schon in früher vorchristlicher Zeit vollendet, sich in drei aufeinanderfolgenden Stufen vollzog:

1. Die stl. Verschlußlaute *p, t, k* werden zu den entsprechenden stl. Reibelauten *f, þ, χ*.

Lat. *piscis, nepōs* = aisl. *fiskr, nefi*, ahd. *fisk, nefo*, as. *fisc, nevo*, ae. *fisc, nefa* (ne. *fish, nephew* < afrz. *neveu*; nhd. *Fisch, Neffe*); – lat. *trēs, frāter* = got. mf. *þreis, brōþar*; as. *thria, brōdar*; ae. m. *þrī(e), brōþor* (ne. *three* < ae. fn. *þrēo; brother*); – lat. *cārus, pecus* = got. *hōrs* 'Hurer', *faihu*; aisl. *hōra, fē*; ahd. *huora, feho fihu*; ae. *hōre, feoh* (ne. *whore, fee*).

1. **Ausnahme**: Nach dem stl. Spiranten *s* werden *p, t, k* nicht verschoben.

Lat. *spuere, hostis, piscis* = got. *speiwan*, as. ahd. *spīwan*, ae. *spīwan spēowan* (ne. *spew spue*, nhd. *speien*); got. *gasts*, aisl. *gestr*, as. ahd. *gast*, ae. *ʒ(i)est* (ne. *guest*, nhd. *Gast*); got. *fisks*, ae. *fisc* (ne. *fish*).

Ferner bleibt *t* auch nach *p, k, q* unverändert.

Lat. *octō, neptis* = got. *ahtau*, ahd. as. *ahto*, afr. *achta*, ae. *e(a)hta*; ahd. afr. ae. *nift* (ne. *eight, niece* < afrz. *niece*).

2. **Ausnahme**: Die aus idg. *p, t, k* entstandenen urg. stl. Reibelaute *f, þ, χ* wie auch *s* werden im In- und Auslaut zu den entsprechenden sth. *ƀ, đ, g* und *z*, wenn nach der idg. Druckverteilung der unmittelbar vorangehende Sonant **nicht** den Starkdruck trug (sog. **Vernersches Gesetz**, von dem dänischen Sprachforscher Karl Verner gefunden, Kuhns Zeitschrift XXIII, 97 ff., 1877). Die Druckverteilung war im Idg. frei, wurde aber im Verlaufe des Urg. fest, d. h. es trug nunmehr stets die Wurzelsilbe, die meistens die Anfangssilbe ist, den Starkdruck (§ 47).

[1]) Über das idg. Konsonantensystem vgl. Krahe, Idg. Sprachwissenschaft, S. 53 ff.

Beispiele: Skr. *bhrātar-* (lat. *fräter*) = ae. *brōþor* (§ 40); aber: skr. *mātár-* (lat. *māter*) = ae. *mōdor*[1]) (§ 25, 2). Ein ähnliches Gesetz wirkt noch in moderner Sprache. *Hannóver* (*f*): *Hannoveráner* (*v*); mundartlich (thür.) *Interésse* (*s*): *interessieren* (*z*) usw. — ne. *póssible* (*s*): *posséss* (*z*); *éxercise* (*ks*): *exámine* (*gz*).

Verners Gesetz tritt im Germ. häufig in verwandten grammatischen Formen auf, so daß man hier auch vom 'grammatischen Wechsel' spricht. Das ist besonders beim st. Verbum der Fall, dessen Inf., Präs., Part. Präs. und Prät. Sg. im Idg. Stammbetonung hatten gegenüber der Endbetonung seines Prät. Opt., P. P. und Prät. Pl. Es wechseln so im Ae.:

Inf. — Prät. Sg. — Prät. Pl. — P.P.

þ–d (§ 25,2) (urg. *þ–đ*): *cweþan—cwæþ—cwǣdon—ʒecweden*
                     'sagen' (in ne. Prät. *quoth*);

s–r (§ 25,1) (urg. *s–z*): *čẹosan—čẹas—curon—ʒecoren*
                           (ne. *choose*);

h–ʒ   (urg. *χ–g*): *tẹon—tẹah—tuʒon—ʒeloʒen*
                     (< **tẹohan* 'ziehen');

f–f (— *ƀ*)   (urg. *f–ƀ*): *hebban—hōf—hōfon—ʒehafen*
                      (ne. *heave*, nhd. *heben*).

Das letzte Lautpaar ist ae. in der Schreibung zusammengefallen (§ 40). Das Gotische hat den 'grammatischen Wechsel' aufgehoben, indem es die stl. Laute für die ganze Flexion verallgemeinerte.

2. Die aspirierten sth. Verschlußlaute *bh, dh, gh* gehen in die entsprechenden sth. Reibelaute *ƀ, đ, g* über. — Im Verlaufe der urg. Zeit werden anlaut. *ƀ-, đ-* > *b, d* und inlaut. *ƀ, đ, g* > *b, d, g* nach Nasalen.

Beispiele: Skr. *bhrātar-* (lat. *fräter*) = got. *brōþar*, ae. *brōþor* (ne. *brother*); — idg. **bhendh-* (skr. *bándhati* 'bindet') = got. as. ae. *bindan* (ne. *bind*); — idg. **steigh-*, skr. *stighnṓti* 'steigt' (lat. *ve-stīgium*) = got. *steigan*, ahd. as. ae. *stīgan* (nhd. *steigen*).

---

[1]) Heutiges *d* in *mother, father* (s. § 21, 1, 2) entwickelte sich erst im 15. Jh.

3. Die sth. Verschlußlaute *b*, *d*, *g* werden zu den entsprechenden stl. *p*, *t*, *k*.

Beispiele: Lat. *labrum*; *labium* = as. *lepor*, ahd. *leffur*; afr ae. *lippa* (ne. *lip*); − lat. *vidēre* = got. as. ae. *witan* (nhd. *wissen*; in ne. *to wit*); − lat. *ego* = got. as. afr. *ik*, ae. *ič* (ne. *I*, nhd. *ich*).

II. Die Lautentwicklung vom Germanischen zum Westgermanischen

a) Vokale

24. Das Germanische weist kurz vor seiner Aufspaltung in die germ. Einzelsprachen nach dem oben (§§ 20–23) Ausgeführten folgende Vokale und Diphthonge auf:

Kurze Vokale: *a*, *e*, *i*, *o*, *u*.

Lange Vokale: *ǣ*, *ē*, *ī*, *ō*, *ū*.

Lange Nasalvokale: *ã̄*, *ĩ̄*, *ũ̄*.

Diphthonge: *ai*, *au*, *eu*, *iu*.

Das zwischen dem Germ. und Ae. liegende westgermanische Vokalsystem stimmt im wesentlichen mit dem germ. überein bis auf *ǣ* > *ā* (§ 21,2). Die Nasalierung der langen Nasalvokale ging erst einzelsprachlich verloren (§ 22, 3), wie die Entwicklung von *ã̄* > *ō* im Ae. beweist.

b) Konsonanten

25. Der Konsonantismus der germ. Muttersprache setzt sich folgendermaßen zusammen:

	Labiale	Dentale	Palatale u. Velare
Stl. Verschlußlaute	*p*	*t*	*k*
Sth. Verschlußlaute	*b*	*d*	*g*
Stl. Reibelaute ...	*f*	*þ, s*	*h* (= *χ*)
Sth. Reibelaute ..	*ƀ*	*đ, z*	*g*
Nasale......	*m*	*n*	*ŋ*
Liquide		*r, l*	
Halbvokale ..	*w* (*u̯*)		*j* (*i̯*)

Der Hauchlaut *h* (anlautend vor Vokal).

Bis auf folgende Ausnahmen bleiben die germ. Konsonanten im Westgerm. unverändert:

1. z (< idg. s nach Verners Gesetz) > r. (Im Got. ist
inlaut. z bewahrt, auslaut. wird es zu s, im Ur-nord. zu R
[palatales r], das aisl. jedoch mit dentalem r zusammen-
fällt.)

Urg. *maizō, got. maiza = ahd. as. mēro, afr. ae. māra (ne.
more, nhd. mehr); — idg. *dheu̯só-, urg. *deuza-, got. dius (G.
diuzis) = ahd. tior, as. dior, afr. diar, ae. dēor (ne. deer, nhd.
Tier).

2. đ > d.

Urg. *fađǽr- (skr. pitár-, gr. patér-) = ahd. fater (d > t),
as. fađar, afr. feder, ae. fæder (ne. father, nhd. Vater).

3. Konsonantenverdoppelung.

a) Nach kurzer Stammsilbe bewirkt j Verdopplung (Gemination) des vorausgehenden Konsonanten außer r (sog.
'westgerm. Konsonantengemination'). Überdies lautet es
nach Maßgabe von § 31 auch vorausgehenden Vokal um.
Im Ahd. und Ae. ist j nach Doppelkonsonanten (also nicht
nach r) wie auch nach einer Silbe mit langem Vokal geschwunden, im As. noch meistens bewahrt.

Got. satjan, halja = ahd. sezzan, as. settian, afr. setta, ae.
settan (ne. set, nhd. setzen); ahd. hella, as. hellia, afr. helle, ae.
hell (ne. hell, nhd. Hölle); — aber: got. nasjan (für *nazjan) =
ahd. nerien, afr. nera, as. ae. nerian 'retten' (nhd. nähren);
got. dōmjan = ahd. tuomen, as. dōmian, ae. dēman (ne. deem).

b) p, t, k und h (= χ) wurden auch vor r oder l geminiert,
besonders wenn die Konsonanten unmittelbar aufeinan-
derfolgten (wie in den flekt. Formen, von wo aus Verall-
gemeinerung).

Got. baitrs (mit Ablaut), *aplus (krimgot. apel) = ahd. as.
bittar, ae. biter bitter nach G. bittres usw. (ne. bitter); as. afr.
appel, ae. æpl æppel (ne. apple)[1].

Diese Entwicklung wird im Ae. fortgeführt (§ 41).

---

[1] Altslav. abluko, russ. jábloko, lit. óbulas mit unverschobenem b für
germ. p (§ 23, 3).

III. Die Lautentwicklung vom Germanischen (Westgermanischen) zum Altenglischen

a) Vokale

A. Entwicklung ohne Einfluß der Nachbarlaute

26. 1. Die **kurzen Vokale** *e, i, o, u* bleiben unverändert; *a* wird zu *æ* in einsilbigen Wörtern. In mehrsilbigen Wörtern steht *a* bei ursprünglich velarem Vokal (*a, o, u*) der Folgesilbe, *æ* vor ursprünglichem (also nicht aus *a, o, u* entstandenen) *e* der Folgesilbe. Bei Ausnahmen wie G. Sg. *ʒlades* zu N. *ʒlæd* (ne. *glad*) handelt es sich um Analogiebildungen.

Ahd. as. afr. ae. *feld, bringan, gold, burg* (ne. *field, bring, gold, borough*). — Aber: N. A. Sg. ahd. *tag*, as. *dag*, G. *tages, dages*, D. *tage, dage* = ae. *dæʒ, dæʒes, dæʒe* (ne. *day*); N. A. Pl. ahd. *taga*, as. *dagos*, G. *tago, dago*, D. *tagum, dagum* = ae. *daʒas, daʒa, daʒum*; ahd. *mahhōn*, as. *makōn* = ae. *macian* (ne. *make*).

Auch vor dem *e* der Folgesilbe, das sich sekundär aus silbischem *r, l, m, n* entwickelt hat (§ 50), wird *a* > *æ* gehoben.

Got. *fagrs, akrs, *nagls* (Vb. *nagljan*), aisl. *hrafn* = ae. *fæʒer, æcer, næʒ(e)l, hræfn* (ne. *fair, acre, nail, raven*).

Anmerkung. Im Merc. Kent. findet weitere Hebung des *æ* > *e* statt (*deʒ, deʒes*).

2. Die **wg. langen Vokale** *ē, ī, ō, ū* sind ae. bewahrt; wg. *ā* (< urg. *ǣ*) erscheint im Ae. als ws. *ǣ*, angl. kent. *ę̄* (§ 21, 2).

As. ae. *hēr, swīn, fōt, rūm* (ne. *here, swine, foot, room*); ahd. *tāt, sāt, rātan, lāzzan* = ws. *dǣd, sǣd, rǣdan, lǣtan*—angl. kent. *dę̄d, sę̄d, rę̄dan, lę̄tan* (ne. *deed, seed, read, let*).

Im Auslaut wird wg. *ō* im Ae. zu *ū* gehoben.

Ae. *cū, hū* (as. *kō; hwō hū*), n. *tū < *twū, *hwū < *wg. *twō, *χwō* (ne. *cow, two, how*). In der Präposition *tō* (ne. *to*) unterblieb die Hebung, da diese häufig proklitisch vor konsonantisch anlautenden Wörtern stand.

3. Die Nasalvokale *ã, ĩ, ũ* treten ae. entnasaliert als *ō, ĩ, ū* auf (§ 22,3).

4. Die wg. Diphthonge *ai, au, eu, iu* > ae. *ā, ęa, ęo, īo* (nach 800 merc. ws. zu *ęo*).

Got. *stains, hails*, ahd. *eiskōn* (nhd. *h-eischen*) = ae. *stān, hāl, āscian* (ne. *stone, whole, ask*); — got. *augō, hauhs, hlaupan* = ae. *ęaʒe* (*au* > *ǣu* > *ǣo* > *ǣa*, geschrieben *ea*), *hēah, hlēapan* (ne. *eye, high, leap*); — urg. **leuƀaz*, got. *liufs* = ae. *lēof* (ne. *lief*, nhd. *lieb*); — ahd. *liuti*, as. *liudi* = ae. *līode lēode* (nhd. *Leute*).

B. Entwicklung unter Einfluß der Nachbarlaute

27. Während im Ahd. in erster Linie der wg. Konsonantismus verändert wurde (durch die hochdeutsche Lautverschiebung), ist im Ae. besonders der wg. Vokalismus umgestaltet worden. Welchen starken Einfluß der kombinatorische Lautwandel im Ae. ausgeübt hat, zeigt schon die Entwicklung des wg. kurzen *a*, das ae. als *æ, a, ǫ, ea, ō, e* erscheinen kann.

Ahd. *tag*, Pl. *taga, namo, hart, gans*, got. *badi* (ahd. *betti*) = ae. *dæʒ, daʒas, noma* (*nama*), *heard, ʒōs, bedd* (ne. *day, days, name, hard, goose, bed*).

Wir behandeln im folgenden die einzelnen lautverändernden Erscheinungen des Ae.

28. Nasaleinfluß

1. Schon im Germ. schwand in der Lautverbindung *-anχ, -inχ* und *-unχ* das *n* vor *h* (= *χ*) unter Nasalierung und Ersatzdehnung des vorausgehenden Vokals (§ 22,3). Im Ae. wie in den anderen nd. Sprachen geschieht dasselbe mit den Nasalen *n, m* auch vor den übrigen stl. Reibelauten (*f, þ, s*). Bei der Entnasalierung wurde auch hier afr. ae. *ã* > *ō* gehoben.

Also germ. *-a(i, u)ns, -a(i, u)nf, -a(i, u)nþ* > ae. *ō(ĩ, ũ)s, ō(ĩ, ũ)f, ō(ĩ, ũ)þ*: Ahd. *gans* = afr. ae. *ʒōs* (ne. *goose*); got. *fimf* = as. ae. *fīf* (ne. *five*); got. *munþs* = as. afr. ae. *mūþ* (ne. *mouth*).

Unter dem Schwachdruck entwickelt sich die Verbindung -*anþ* jedoch zu -*aþ*: Idg. *bheronti > urg. *beranþi > ae. *beraþ* (wir, ihr) sie tragen (s. auch § 51, 3 c).

2. Langes *ō* entsteht im Anglofriesischen auch aus wg. *ā* vor Nasalen.

Ahd. *spān*, *nāmun* = ae. *spōn* 'Span' (> ne. *spoon*), *nōmon* 'nahmen'; — ahd. as. *māno*, aisl. *māni* (got. *mēna*) = afr. ae. *mōna* (ne. *moon*).

3. Vor Nasalen (auch einfachem Nasal) wird wg. *o* > afr. ae. *u*, soweit *u* nicht schon im Germ. bewahrt worden war (§ 22, 2 Ausn.), vor germ. *m* auch wg. *e* > ae. *i*.

Lat. *monachus*, *tonitrus* = ae. *munuc*, ae. *þunor*, ahd. *donar* (ne. *monk*, *thunder*); ahd. *neman*, *ginoman*, *coman*, *hona(n)g* = ae. *niman*, *ʒenumen*, *cuman*, *huniʒ* (ne. *take* nach § 15, *numb* Adj. 'benommen', *come*, *honey*).

4. Wg. *a* > *ǫ* vor Nasalen im Anglofriesischen (Zwischenlaut von *a* und *o*, s. § 19 gegen Ende).

Ahd. *man*, *kan*, *namo* = ae. *mann monn* (ne. *man*), *cann conn* (ne. *can*), *nama noma* (ne. *name*).

In druckschwachen Wörtern ist *o* ziemlich festgeworden.

Ae. *on*, *hwone*, *hwonne*, *þone*, *þonne* (ne. *on*, *whom*, *when*, *the* (A.), *then*).

Während in den ws. und kent. Texten des 9. Jhs. wie im Anglischen für germ. *a* vor Nasalen meist *o* erscheint, wird *a* im Ws. und Kent. des 10. Jhs. immer häufiger und herrscht im Spätws. (Abt Ælfric, s. § 17) fast ausschließlich. – Dial. Schwanken von *a* vor Nasalen herrscht auch im Afr. zwischen ostfries. *o* und westfries. *a*.

29. Brechung

1. Zwischen den k u r z e n palatalen Vokalen *æ*, *e*, *i* (< wg. *a*, *e*, *i*) und folgendem gedecktem *χ* (geschrieben *h*), *r*, *l* oder einfachem *h* (= *χ*) schob sich ur-ae. ein Übergangslaut *u* ein, so daß die Kurzdiphthonge *æu*, *eu*, *iu* entstanden, die sich wie die wg. Diphthonge *au*, *eu*, *iu* (§ 26, 4) und wohl gleichzeitig mit ihnen zu *ĕa*

(= *æa*), *ęo*, *io* (nach 800 merc. ws. zu *ęo*) entwickelten.
Doch sind die aus dem Wg. entwickelten Diphthonge ae.
lang (*ēa*, *ēo*, *īo*), die ae. Brechungsdiphthonge dagegen kurz
(*ĕa*, *ĕo*, *ĭo*). Wg. *a*, *e*, *i* wurden in den verschiedenen ae.
Dialekten aber nicht gleichmäßig zu *ea*, *eo*, *io* „gebrochen"
(der Ausdruck stammt von J. Grimm):

a) Brechung vor *h* + Konsonant (oder einfachem *h*).
Sie ist in allen ae. Dialekten bei allen drei Vokalen eingetreten.

Ahd. *ahto, sah, fehtan* = ws. kent. *ęahta, sęah, fęohtan*, angl.
æhta, sæh, fehtan nach § 35, 1 (ne. *eight, he saw, fight*).

b) Brechung vor *r* + Konsonant.
Ebenfalls in allen ae. Dialekten (ndh. jedoch oft *a*) bei
allen drei Vokalen.

Got. *hardus*, ahd. *sierro stern*(o), as. *hirdi* = ae. *hęard, stęor-
ra*, ndh. kent. *hiorde* (§ 31, 8), merc. *heorde* (ws. *hierde hyrde*);
(ne. *hard, star, shepherd*).

c) Brechung vor *l* + Konsonant.
Wg. *a* wird über *æ* nur im Ws. und Kent. gebrochen,
im Angl. jedoch bewahrt. Bei *e* und *i* tritt Brechung
nur vor *lh* (= *lχ*) ein, und zwar in allen Dialekten
(doch s. Anm.).

As. ahd. *fallan*, as. afr. *kald* = ws. kent. *fęallan, čęald*; angl.
fallan, cald (ne. *fall, cold*); — ahd. *sel*(a)*h* = ws. kent. *sęolh*,
angl. *selh* nach § 35, 1 (ne. *seal*); aber: ae. *helpan, meltan, swel-
lan* (ne. *help, melt, swell*). — In außerws. *seolf* (ws. *self silf sylf*)
ist *e* auch vor *lf* gebrochen worden.

Anmerkung: Im Anglischen sind die Brechungsdiphthonge vor *h* bzw. *r, l* + Velar bereits in vorliterari-
scher Zeit monophthongiert ('geebnet') worden (§ 35).

2. Die langen ae. Palatalvokale *ī, ē* und ws. *ǣ* (< wg.
ā) werden nur vor *h* (= *χ*) zu *īo*, *ęo* und *ęa* gebrochen, im
Angl. tritt jedoch wieder Ebnung ein.

Ahd. as. *līht*(i) 'leicht' = ae. (ws.) *līoht lęoht*, (angl.) *līht lēht*
(ne. Adj. *light*); ahd. *wīh* 'heilig' (nhd. *Weihnachten*), as. *wīh*
'Tempel' = ae. (ws.) *wīoh węoh* 'Götzenbild', (angl.) *wīh*; ahd.

as. *nāh* 'nah' = ae. (ws.) *nǣh, (angl.) *nẹ̄h* > ws. *nẹah*, angl. *nẹ̄h* (ne. *nigh*).

Die Brechung ist älter als die in den §§ 30, 31. 35 und 32 behandelten ae. Lautveränderungen.

30. Einfluß anlautender palataler Konsonanten auf folgende palatale Vokale

1. Zwischen den anlautenden palatalen Konsonanten *ć, ʒ́, sć* (§ 44) sowie germ. *j* (> ae. *j*, das *ʒ* oder *i* geschrieben wird) und folgenden **primären** palatalen Vokalen (*ē̆, ǣ*) schiebt sich schon ur-ae. ein Gleitelaut ein, der mit diesen ursprünglich einen steigenden Diphthong bildete, aus dem sich schon früh ein fallender entwickelte (*ĭe, ĕa*). Die so entstandenen Diphthonge fallen mit den übrigen ae. Diphthongen zusammen. — Diese Diphthongierung gilt im Westsächsischen allgemein, im Nordhumbrischen nur in beschränktem Umfange, sie unterbleibt im Mercischen und Kentischen.

Mnd. *kaf* = ae. *ćæf > *ceǽf > ws. *ćéaf*, merc. *ćæf*, kent. *ćef* (ne. *chaff*); — ahd. *geban*, as. *geƀan* = ae. *ʒefan > *ʒiéfan > ws. *ʒiefan*, angl. kent. *ʒefan* (ne. *give*); — ahd. *scāf*, as. *scāp* = ae. *sćǣp, *sćép (§ 26, 2) > *sçeǽp, *sciép > ws. *sćéap*, ndh. *sćĭp* (über *sćiep*), merc. kent. *sćép* (ne. *sheep*); — ahd. as. *jār* = ws. *ʒḗar*, angl. kent. *ʒḗr* (ne. *year*).

2. Nach germ. *j* (ae. *ʒ* oder *i* geschrieben) und spät-ae. auch nach *sc* stellte sich oft auch vor velaren und **sekundären** palatalen Vokalen ein Übergangslaut (*i, e*) ein, der mit diesen einen steigenden Diphthong bildete (*u, ŏ, ă* > *i̯u, ẹ̆ŏ, ẹ̆ă*). Die Weiterentwicklung dieser scheinbaren Diphthonge wie die einfachen Vokale beweist, daß sie steigend waren; vielleicht sind *i* und *e* auch nur graphische Zeichen, welche die palatale Aussprache des vorangehenden Konsonanten andeuten sollen. — Diese 'Diphthongierung' gilt hauptsächlich für das Ws., findet sich aber auch im Ndh. und teilweise im Kentischen.

Ahd. *jung, joh, jāmar, skolta, scama, scala, scenten* (< wg.
*skandian) = ws. *i̯únᴣ ᴣi̯únᴣ ᴣi̯ónᴣ ᴣeónᴣ,* kent. *i̯únᴣ ᴣi̯ónᴣ,*
merc. *ᴣunᴣ,* ndh. *ᴣinᴣ;* ae. *ᴣi̯óc ᴣe̥óc;* ae. *ᴣi̯o̊mor ᴣe̥o̊mor;* ws.
nördl. Ndh. *sce̥ólde;* altws. *sce̥ómu sce̥ámu,* spätws. *sce̥ámu,*
ndh. *sce̥ónu;* ws. ndh. *sce̥álu;* ws. *sci̯éndan* > *sciendan* (wie
1.) *scindan scyndan* neben *scendan* (ne. *young, yoke,* nhd.
jammer-voll, ne. *should, shame, shale,* nhd. *Schale,* nhd.
schänden).

3. Nach palatalem *s* wurde schließlich (noch nach dem
Velarumlaut) die Lautgruppe *sel-* > **siel-* > angl. kent.
sil-, ws. *sil-, syl-.*

Ae. *sellan* = angl. kent. *sillan,* ws. *sillan syllan* (ne. *sell*);
ebenso in *sēlra sēlla* (§ 72 c), *self seolf* (§ 29, 1 c) usw., letzteres
mit st. und sw. Flexion.

31. Palatalumlaut (*i*-Umlaut)

Schon vor der Zeit unserer ältesten ae. Quellen werden
um 600 die ae. Vokale und Diphthonge (*ă, ŏ, ŭ, æ, ĕa, ĭo*)
durch *ĭ* oder *j* der Folgesilbe ,,umgelautet'', d. i. palatali-
siert (ausgenommen die reinen Palatalvokale *ĭ, ĕ, ǣ*). Die
palatalen Vokale nähern sich dabei der hohen Zungenlage
des *i,* bei den velaren findet Artikulationsvermischung
statt (Lippenrundung des *u* bzw. *o* + Zungenstellung des
i bzw. *e* ergeben *ü,* geschrieben *y,* bzw. *ö,* geschrieben *oe*).

Da *j* im Ae. meist geschwunden (§ 25, 3) und nachtoni-
ges *i,* soweit ae. bewahrt, bereits im 7. Jh. zu *e* gesenkt
worden ist, müssen wir zur Erklärung der ae. umgelaute-
ten Formen andere germ. Sprachen, besonders das Gotische, heranziehen. Auch beim *i*-Umlaut zeigen die einzelnen ae. Dialekte mancherlei Abweichungen.

Es werden umgelautet:

1. *a, ǫ* (§ 28,4) > *e* (über *æ*).

Got. *sandjan* = ae. *sendan* (ne. *send*).

a) In den ältesten Texten und bei späterer Metathese
(§ 42) ist *æ* bewahrt (got. *brannjan* = ae. *bærnan* 'bren-
nen').

b) In nichtkentischen südöstlichen Texten steht *æ* als Umlaut von *a* vor Nasalen.

Ae. *sændan, fræmman* usw. für *sendan, fremman*; Beowulf: *hlæmm, hlemm* 'Lärm', *mæniʒo, meniʒo* 'Menge'.

c) Das angl. (wg.) ungebrochene *a* vor *l* + Konsonant (§ 29, 1 c) wird dagegen nur bis zu *æ* umgelautet (s. unter 6).

Kausativum von *fallan* = **falljan* > angl. *fællan* (ne. *to fell*); Komp. zu *ald* (ne. *old*) = angl. *ældra*.

2. *ā* > *ǣ*.
Got. *haiþi* = ae. *hǣþ* (ne. *heath*).

Im Kent. geht der Umlaut bis zu *ē*: *clǣne, ǣniʒ* > *clēne, ēniʒ* (ne. *clean, any*). Im Angl. oft auch vor Dentalen.

3. *o* > *e* (über *œ*).
*Dohtri > D. Sg. ae. *dehter* (angl. *dœhter*).

Da ein *i* oder *j* der Folgesilbe wg. kein *o* aufkommen ließ (§ 22, 2, Ausn.), idg. *o* anderseits zu germ. *a* geworden war (§ 21, 1), tritt ae. *i*-Umlaut von *o* > *e* nur in späteren Lehnwörtern (**oli*, lat. *oleum*, > ae. *ele*) oder in Analogiebildungen ein (D. **dohtri* für urg. **duχtri* nach N. *dohtor* usw.).

4. *ō* > *ē̦* (über *ǣ̦*).
Got. *sōkjan* = ae. *sēčan* (ne. *seek*).

Im Angl. bleibt das gewöhnlich *oe* geschriebene *ǣ̦* erhalten.

5. *ū̆* > *ȳ̆* (= *ū̆*)[1]).
Ahd. *kuning* = ae. *cyninʒ* (ne. *king*); ae. Sg. *mūs*: Pl. *mȳs* < urg. **mūsiz* (ne. *mice*).

Im Kent. ist im 9. Jh. Entrundung und Senkung des *ȳ̆* > *ē̆* eingetreten: *fyllan, hȳdan* > *fellan, hēdan* (ne. *fill, hide*).

6. *æ* (§ 26,1) > *e*.
Got. *satjan* = **sættjan* > ae. *settan* (ne. *set*).
In den folgenden Fällen steht jedoch *æ* für *e*:

---

[1]) Sievers bezeichnet dieses *y* als das **feste** (§ 31).

a) Vor Konsonantengruppen: *hæftan* 'heften' (< germ. (*haftian*, ahd. *heften* Faktitiv zu ahd. *haft* 'gefesselt' = lat. *captus*); *mæstan* 'mästen' (< germ. *mastian, ahd. *mesten*, zu ae. *mæst*, ahd. *mast* 'Mast'); *æsc* 'Esche' (< urg. *askiz). In einigen Wörtern findet sich daneben auch *e*: (Beow.) *æfnan*, *efnan* 'ausführen', *ræst*, *rest* 'Rast, Ruhelager', in *restan* 'rasten, ruhen' fast stets *e*.

b) Ein aus anderen Flexionsformen oder verwandten Wörtern stammendes *a* für *æ* wurde ebenfalls nur bis zu *æ* umgelautet: *ič hæbbe* für *hebbe (< wg. *habbjō) nach den übrigen Präs.-Formen; (Beow.) *secč* (got. *sakjō*) neben *sæčč* 'Fehde' nach *sacu* 'Streit(sache)', ne. *sake*; *wrečča* neben *wræčča* 'Recke, Verbannter', ne. *wretch*, nach *wracu* 'Rache, Verfolgung'; *mečʒ* neben *mæčʒ* 'Mann' nach *maʒu* 'Mann, Sohn'.

c) In lat. Lehnwörtern, die erst nach dem Übergang von wg. *a* > ae. *æ* (§ 26, 1) aufgenommen wurden: *læden* (vgl. ahd. *latīnisc*, das erst nach der Verschiebung von wg. *t* > ahd. *zz* wie in as. ae. *etan* = ahd. *ezzan* entlehnt wurde); *mæʒester* < lat. *latinum, magister* (ne. *latin, master*).

d) Bei Fernumlaut über ein *u* der Mittelsilbe hinweg: germ. *apuling > *apyling > *apiling > ae. *æpelinʒ* 'Edler'; germ. *gadurī > ae. *tō-, ætʒædere* (ne. *together*). — Bei Wörtern mit germ. *a* in der Mittelsilbe liegt kein *i*-Umlaut, sondern Entwicklung nach § 26, 1 vor, da dieses *a* über *æ* zu *e* geworden war: ahd. *magad*, Verkl. *magatin, alamahtic* = ae. *maʒ3(e)þ, mæʒden, ælmihtiʒ* (ne. *maid(en), almighty*).

7. *ěa* > ws. *ĭe* (später ws. *ĭ, ў̆*)[1]).

Got. *hlahjan* = ae. *hḷeahhjan > ws. *hli(e)hhan*, angl. *hlæhhan* (ne. *laugh*); ae. **mahti-*, **nahti-* > ws. *mi(e)ht, ni(e)ht* (ne. *might, night*), angl. *mæht, næht*; got. *hausjan* (< urg. **hauzjan-*) = ae. *hēarian > ws. *hieran*, angl. *hēran* (ne. *hear*).

Ebenso wird das durch Einfluß anlautender palataler Konsonanten entstandene *ěa* (§ 30, 1) behandelt.

Urg. *gastiz (idg. *ghostis = lat. *hostis*, got. *gasts*, ur-nord. *gastiR*, ahd. as. *gast*) > *ʒæsti > *ʒeasti > ws. *ʒiest*, angl. kent. *ʒest* (ne. *guest*); — ahd. as. *kāsi* (< lat. *cāseus*) = ae. **čǣsi-* > *čeǣsi > *čěasi > ws. *čīese*, angl. kent. *čēse* (ne. *cheese*).

[1]) Sievers' unfestes *y*. Vor Palatalen steht in der Regel *i* (vgl. § 51, 5 Anm. 2).

Angl. kent. ist *ĕa* > *ĕ* umgelautet (soweit der Diphthong **angl.** überhaupt auftrat, vgl. §§ 29, 35).

Kent. *fellan, eldra* (ne. *fell, elder*): angl. *fællan, ældra*: **ws.** *fiellan, ieldra*; — got. *warmjan, arbi* n., *arbja* m. 'Erbe' = ae. (**ws.**) *wierman, ierfe* n., *ierfa* m., (angl. kent.) *werman* (ne. Vb. *warm* vom Adj.), *erfe, erfa.* — Got. *hausjan, galaubjan, hauhists* = ae. (**ws.**) *hieran, ʒeliefan, hiehst*(*a*), (angl. kent.) *hēran, ʒelēfan, hēst*(*a*) < **hēhist*(*a*) (§ 36) (ne. *hear, believe, highest*).

8. *ĭo* > ws. *ĭe* (später ws. *ĭ*, *ȳ̆*).

Ahd. *wirsiro* = ae. (ws.) *wiersa* (ne. *worse*); got. *liuhtjan* = ae. (ws.) *liehtan* (s. § 22, 4).

Angl. kent. unterbleibt der *i*-Umlaut von *ĭo*, das um 800 im Merc. zu *ĕo* übergeht.

Ahd. *hirti, irri, friunt*, as. *hirdi, irri, friund* = *hiorde* 'Hirte', *iorre* 'zornig' (nhd. *irre*), D. Sg. und N. A. Pl. *frīond frēond* (< urg. D. **frijōndi*, Pl. **frijōndiz*): ws. *hierde, ierre, frīend.*

32. Velarumlaut (*u*- und *o/a*-Umlaut)

Die ae. palatalen Vokale *æ̆, ĕ, ĭ* werden im 8. Jh. vor velarem Vokal der Folgesilbe (*u, o, a*) bei einfachem dazwischenstehenden Konsonanten zu *ĕa* (= *æa*), *ĕo, ĭo* (nach 800 merc. ws. zu *ĕo*) diphthongiert („umgelautet"). Die Wirkung ist also dieselbe wie bei der Brechung, nur ist die Artikulationsursache eine andere: Es handelt sich hier um eine psychische Erscheinung, um Vorwegnahme (Antizipation) der Artikulation der Folgesilbe wie beim Palatalumlaut.

Auch der Velarumlaut wirkt weder bei den verschiedenen Vokalen noch in den verschiedenen Dialekten gleichmäßig. Er ist ferner von dem folgenden Konsonanten abhängig: Weitgehend durchgeführt ist er vor Labialen und Liquiden, weniger vor Dentalen und Nasalen, am wenigsten vor Velaren. Er ist im Angl. Kent. verbreiteter als im Ws.

1. Velarumlaut von *æ, ă* > *ĕa*.

Er findet sich nur im Merc. (vor allen einfachen Konsonanten außer *l* und den Velaren ʒ, *c*) und vereinzelt im Früh-keńt., da hier wohl auch vor velarem Vokal der Folgesilbe *a* > *æ* spontan vorrückte (vgl. § 26, 1).

Ahd. *habuh*, as. *habuk* = ae. (merc.) **hæfuc* > *heafoc*, sonst *hafoc* (ne. *hawk*); ahd. as. *faran* = ae. (merc.) **færan* > *fearan*, sonst *faran* (ne. *fare*).

Anmerkung: Gemeinae. (jedoch nicht in den übrigen wg. Sprachen) ist *ealu*, *alu*, G. D. (*e*)*aloþ* (ne. *ale*). Das *æ* in ae. N. **ælu*, das die Ausgangsform für *ealu* bildet, erklärt sich wohl nach flekt. G. D. urg. **aluþiz*, **aluþi* mit *i*-Umlaut über die Mittelsilbe hinweg > **alyþi* > **aliþi* > **æliþi* > **æliþ*(*e*) (vgl. § 31, 6 d).

2. Velarumlaut von *ĕ* > *ĕo*.

Vor Liquiden und Labialen in allen Dialekten eingetreten.

Urg. **eƀura*, ahd. *ebur*, as. *eƀur* = ae. *eofor* 'Eber'; ahd. *hiruz*, as. *hirut* = ae. *heorot* (ne. *hart*); ahd. *bibar*, as. *biƀar* = ae. *be*(*o*)*for* (ne. *beaver*); as. *heƀan* = ae. *heofon* (ne. *heaven*).

Im Ws. wird *ĕ* > *ĕo* aber nur durch *u*-Umlaut.

Vor Dentalen und Nasalen nicht im Ws., vor Velaren nur im Kent.

Ahd. *metu*, as. Pl. *feteros* = ae. (außer-ws.) *meodu* (ne. *mead* 'Met'), *feotor* (ne. *fetter*); — ahd. *wega*, as. *sprecan* = ae. (kent.) *weoʒas*, *spreocan*, (ws. angl.) *weʒas*, *sprecan* (ne. *ways*, *speak*).

3. Velarumlaut von *ĭ* > *ĭo*.

Vor Liquiden und Labialen in allen Dialekten eingetreten.

As. *siluƀar*, ahd. *sibun* = ae. *siolufr seolfor* (ne. *silver*), *siofun seofon* (ne. *seven*).

Vor Dentalen und Nasalen nicht im Ws. (außer nach *w*: **widu* > **wiudu* > **wudu*, § 33, 1), vor Velaren nur im Kent.

Außer-ws. *sionu seonu*, Pl. *liomu leomu*; ws. *sinu*, *limu* (ne. *sinew*, *limbs*); — kent. *siocol*, *stioʒol*; ws. angl. *sicol*, *stiʒol* (ne. *sickle*, *stile*).

Anmerkung 1: Vor Velaren trat im Angl. Ebnung ein (§ 35), so daß hier nur im Kent. Diphthonge erscheinen.

Anmerkung 2: Der Velarumlaut wurde besonders ws. häufig in der Flexion von Analogiebildungen durchkreuzt. Ws. Pl. *scipu* statt *sciopu* nach N. *scip* (ne. *ship*), G. *scipes* usw.; ws. Inf. *cliopian cleopian* 'nennen, rufen' neben regelrechtem *clipian* nach dem Prät. *cliopode cleopode*.

33. Einfluß von *w*

1. In der Verbindung *w* + *i*, *e* + *u*, *o* tritt im Ae. mit dial. Unterschieden Artikulationsvereinfachung durch Ausstoßung des palatalen Bestandteils in velarer Umgebung ein.

a) Wg. **wer-* + Kons. > ae. *weor-* durch Brechung (§ 29, 1 b) > *wor-* im späteren Ndh., jedoch nicht vor *c*, *ʒ*, *h*.

Ahd. *swert*, afr. as. *swerd*; ahd. *werd*, as. *werð* = ae. *sweord*, *weorþ* > ndh. *sword*, *worþ* (ne. *sword*, *worth*). — Afr. as. ahd. *werk* = ndh. *werc*, spät-ws. *weorc* (ne. *work*).

b) Wg. **we-* > ae. *weo-* durch Velarumlaut (§ 32) > *wo-* im nördl. Ndh. und Ws.

Ahd. *weralt*, as. *werold*, ae. **weruld*; ahd. *swester*, as. *swestar*, ae. **swestur* = ae. *weorold*, *sweostor* > ndh. ws. *worold*, *swostor* (ne. *world*, *sister* < aisl. *systir*).

c) Wg. **wir-* + Kons. > ur-ae. **wiur-*, später *wior-* durch Brechung (§ 29, 1) > angl. *wur-* und mit *i*-Umlaut (§ 31) zu *wyr-*, ws. *wier-*.

Wg. **wirsiz* (got. *wairsiza*), wg. **wirþia-* (got. *wairþs*) > angl. *wyrsa*, *wyrþe*, ws. *wiersa wirsa wyrsa* nach § 31, 8, *wierþe* usw. (ne. *worse*, *worth*).

d) Wg. **wi-* > ae. **wiu-* durch Velarumlaut (§ 32) > *wu-* gemeinae.

Wg. **widu* (ahd. *witu*, in nhd. *Wiedehopf*) > ae. **wiudu* > gemeinae. *wudu* (ne. *wood*); — wg. **wiku* (as. *wika*), **cwiku* > ae. **wiucu*, **cwiucu* > ws. *wucu*, *cwucu cucu*, angl. *wicu cwicu* (ne. *week*, *quick*).

Vor Velaren ist im Angl. jedoch durch Ebnung *i* erhalten (§ 35).

2. Spät-ws. werden *wyr-* und *wor-* + Kons. > *wur-*.

Ae. *wyrm*, *wyrsa*, *word* > *wurm*, *wursa*, *wurd* (ne. *worm*, *worse*, *word*); — spätae. *swyrd*, *wyrold* usw. für *sword*, *worold* sind umgekehrte Schreibungen; desgl. *weorm* für *wyrm* (urg. **wurmiz*) wie *swyrd* für *sweord*.

3. Wg. *a* und *ā* bleiben vor *w* unverändert, wenn kein *i, j* folgte.

Ahd. *blāen, knā(w)an, sāen sāwan* = ae. *blāwan, cnāwan, sāwan* (ne. *blow, know, sow*); — ae. G. D. Sg. *clawe* zu N. *clēa* (< germ. **klawō* > **klawu*; nach Ausfall des *w* vor *u* entwickelte sich neugebildetes *au* wie altes *au* > *ēa* nach § 26, 4). Neben ae. N. *clēa* steht neugebildeter ae. N. *clawu* mit Flexion nach § 55 (ne. *claw*).

4. Vor *w* wird *e* > *eo*.

Wg. G. Sg. **cnewes, *trewes* > ae. *cneowes, treowes* neben *cnēowes, trēowes* nach dem N. Sg. *cnēo, trēo* und N. A. Pl. *cnēo, trēo* (< germ. **cnewa, *trewa* und **cnewu, *trewu* (< **cnewō, *trewō*); nach Abfall des *a* (§ 48, 2) bzw. Ausfall des *w* vor *u* entwickelte sich neugebildetes *eu* wie altes *eu* > *ēo* nach § 26, 4); ne. *knee, tree*.

5. Nach *w* werden *e, ē* > *œ, ǣ* im nördl. Ndh., *i* > *y* gemeinae. gerundet. — Doch ist bei dem letzteren auch mit umgekehrter Schreibung wegen der in gewissen Gegenden Englands im 10./11. Jh. einsetzenden Entrundung von *ȳ* > *ĭ* zu rechnen.

Ae. *wer* (§ 22, 2), *twelf*, angl. kent. *wēpen, wēron* (ws. *wǣpen, wǣron* nach § 26, 2) > nördl. Ndh. *wœr, twœlf, wœpen, wœron* (ne. *twelf, weapon, were*); — ae. **nille, *niton* (< **ne wille, *ne witon* nach § 51, 4) > gemeinae. *nylle* 'will nicht', *nyton* 'wissen nicht'; ae. *willan, hwilč* usw. > spätws. *wyllan, hwylč* (ne. *will, which*).

34. Labialeinfluß

In labialer Umgebung, vornehmlich zwischen Labial + *l* erscheint für *o* anderer Stellungen *u*.

Ahd. *wolla, wolf, foll, fogal* = ae. *wulle, wulf, full, fuʒol* 'Vogel' (ne. *wool, wolf, full, fowl*).

35. Ebnung

1. Unter „Ebnung" versteht man die ur-angl. Monophthongierung von *ĭo, ĕo, ǣo* (später *ǣa*, geschrieben *ea*)

> *ĭ*, *ĕ*, *ǣ* vor den einfachen Velaren *c*, *ʒ*, *h* (= *Χ*) oder in Verbindung mit vorangehendem *r* oder *l*. Sie ist ein Kennzeichen des Anglischen und so von besonderer Bedeutung für die ne. Lautungen (vgl. § 17). Es handelt sich bei der Ebnung um Lauterleichterung: vor velarem Konsonanten wird der zweite, velare Bestandteil des Diphthongs unterdrückt. Der Ausdruck „Ebnung" ist eine von K. Bülbring eingeführte Übersetzung von H. Sweets 'smoothing'.

Beispiele (s. auch § 29): Ws. kent. *feohtan, weorc, seolh, sēoc, flēoʒan, lēoht* = angl. *fehtan, werc, selh, sēc, flēʒan, lēht* (ne. *fight, work, seal, sick, fly, light*); ws. *seah, hliehhan* (§ 31, 7) = angl. *sæh, hlæhhan* (ne. *he saw, laugh*); ws. *ẹaʒe, hę̣ah* (got. *augō, hauhs*) = angl. *æʒe, hæh* (7. Jh.) > *ẹʒe, hę̣h* (8. Jh.) (nach der Ebnung von *ǣa* >*ǣ* wurde dieses von den nunmehr palatalen Spiranten weiter zu *ẹ* gehoben; vgl. die spät-merc. Weiterentwicklung von *ẹ* vor palatalem *ht* > *ī* [*lẹ̄ht* > *līht*; ne. *light* Sb.] wie auch die von ae. -*ẹʒ*, -*ẹ̄h* > mc. *ī*: *ẹʒe, hę̣h* > *ȳe, hīgh hȳ*; ne. *eye, high*).

2. Im Spät-ws. findet sich Ebnung nur von *ę̣a* (über *ǣ*) > *ĕ* nach anlaut. palatalem *c*-, *ʒ*-, *sc*- und vor *h*, bei *ę̣a* überdies vor *c*, *ʒ*.

Ws. *čealf, ʒeaf, seah, eahta* > *čelf, ʒef, seh, ehta* (ne. *calf, he gave, he saw, eight*); ws. *ʒēar, scēap, hēah, ēaʒe* > *ʒēr, scẹ̄p, hẹ̄h, ẹ̄ʒe* (ne. *year, sheep, high, eye*).

3. Im Ws. werden Brechungs-*io*, -*eo* schon in der Zeit vor Alfred d. Gr. durch folgendes palatales *hs, ht* über *ie* > *i* umgelautet; nicht dagegen vor velarem *h* (eigentlicher Palatalumlaut).

Ahd. *kneht, reht, sehs* = ae. (ws.) *cneoht, reoht, seox*; *cnieht, rieht, siex*; *cniht, riht, six* (ne. *knight, right, six*). — Aber: *cneohtas, feohtan* usw. (*ht* vor velarem Vokal); die späteren Formen *cnihtas* : *cneoht* beruhen auf Analogie nach dem Sg. bzw. Pl.

36. Kontraktion

Bei Ausfall eines intervokalischen *h*, *w*, *j* tritt im Ae. Verschmelzung aufeinanderfolgender Vokale ein.

1. Ein langer Vokal oder Diphthong eliminiert folgenden kurzen Vokal; kurzer Vokal oder Diphthong wird bei Kontraktion gedehnt.

Ae. *scōh* (ne. *shoe*), Pl. **scōhas* > *scōs*; germ. **faŋχanan* > **fōhan* (§ 22, 3) > ae. *fōn* 'fangen'; ws. **flēohan* (< ·wg. **fleuχan*) > *flēon* (ne. *flee*); **flēaha* (< wg. **flauχ-*) > *flēa* (ne. *flea*); angl. **sihis* > *sīs(t)* (ws. *siehst* 'siehst'); got. ahd. as. *slahan*, ahd. as. *sehan* = ae. **slẹahan*, **sẹohan* > *slẹ̄an*, *sẹ̄on* (ne. *slay*, *see*); wg. **cnewu*, **trewu* (§ 33, 4) > *cnẹ̄o*, *trẹ̄o* (ne. *knee*, *tree*); idg. **ŝkwā* (lat. *aqua*) > urg. **ahwō* > wg. **ahwu* (got. *ahwa*) > **ahu* (as. ahd. *aha* in nhd. Orts- und Flußnamen auf *-a*, *-ach*) > ur-ae. **eahu* (§ 29, 1 a), ur-angl. **æhu* (§ 35, 1) > ae. *ẹ̄a* 'Ache, Wasser, Fluß'.

2. Kurzer oder langer palataler Vokal + velarer Vokal ergeben jedoch langen Diphthong.

Got. *fijands*, *frijōnds*, *þrija* n. = ae. *fīond*, *fēond*, *frīond*, *frēond*, *þrīo þrēo* fn. (ne. *fiend*, *friend*, *three*); angl. *flēhan* (< **flēohan* durch Ebnung) > *flēan* (ne. *flee*).

37. Dehnung kurzer Vokale

1. Im Wortauslaut werden im Ae. unter dem Starkdruck die kurzen Vokale einsilbiger Wörter gedehnt.

Got. *bi*, *hwas*, *nu*, *swa*, *þu* = ae. *bī*, *hwā*, *nū*, *swā*, *þū* (ne. *by*, *who*, *now*, *so*. *thou*).

2. Unter Ausfall von ʒ zwischen Palatalvokal + Kons. (*d*, *þ*, *n*) tritt im Ws. Ersatzdehnung ein.

Ae. (ws.) *brīdel*, *mǣden*, *sǣde*, *sīþe* usw. neben älterem *briʒdel*, *mæʒden*, *sæʒde*, *siʒþe* (ne. *bridle*, *maiden*, *said*, *scythe*).

Fast ausnahmslos wird im Ws. *onʒēan* 'wi(e)der, entgegen' gebraucht. Die Poesie schwankt zwischen *onʒēan* und *onʒeʒn*.

Ahd. *gagan*, *gegin* = ae. *on-ʒæʒn*, *-ʒeʒn* (§ 26, 1) > *onʒǣn* > *on-ʒēan* (§ 30, 1); ne. *again*.

3. a) Bereits ur-ae. (nach der Brechung, aber vor der Ebnung) ist *h* zwischen Vokal + sth. Kons. unter Dehnung des vorangehenden Vokals geschwunden.

Wg. **stahlia* (ahd. *stehli*) > ws. *stīele stȳle*, angl. kent. *stēle* nach §§ 29, 1 a und 31, 7 (ne. *steel*).

b) Erst nach der (angl.) Ebnung (§ 35) schwand intersonores *h* auch in der Folge *lh, rh* + Vokal unter Dehnung des Wurzelvokals (s. „Anglia" Band 88, 1970, S. 1—25).

Ae. (ws. kent.) *seolh, mearh,* G. **seolhes, *mearhes* > *sēoles, mēares* auch *seoles, meares* mit Kürze nach Formen mit auslaut. *h* (ne. *seal, mare*).

4. Vor Nasal oder Liquida + sth. homorganem Verschlußlaut (*mb, nd, nʒ, ld, rd,* sowie vor *rl, rn, rs* [*rz*], *rþ* [*rð*]) werden die kurzen Vokale und Diphthonge im 9. Jh. gedehnt, jedoch nicht, wenn ein dritter Konsonant folgt.

Ae. *clīmban, fīndan, lānʒ lōnʒ,* ws. *ēald,* angl. *āld, fēld, hēard, ēorl, mūrnan* (ne. *climb, find, long, old, field, hard, earl, mourn*). — Ae. *čīld : čīldru* (ne. *child — children*), ae. *lānʒ : lenʒra.*

38. Kürzung langer Vokale

Im Ae. tritt um 1000 Kürzung langer Vokale ein vor mehrfacher Konsonanz (Ausnahme § 37, 4) wie auch besonders vor Doppelkonsonanten mehrsilbiger Wörter und in Zusammensetzungen, die nicht mehr als solche empfunden werden; die letzteren erlitten auch sonst stärkere lautliche Veränderungen.

Ae. *blīþs, wīfman, sīþ* + *þan, ʒōdspell* (§ 3) > *bliss, wimman, siþþan, ʒodspell* (ne. *bliss, woman, since, gospel*); *hlāford* 'Herr' (ne. *lord*) < ae. **hlāfweard* < urg. **hlaibward* '(Laib) Brotwärter'; *ēorod, -ed* 'Trupp' < **eoh-rād* 'Reiterei' (§ 37, 3 b); *frēols* 'Freiheit' (§ 36, 2) < **frīhals* 'Freihalsigkeit' (der Sklave trug einen Ring um den Hals), got. *freihals* 'Freiheit', ahd. mhd. *frīhals* 'der Freie'.

39. Im Altenglischen finden sich nach dem oben (§§ 26 bis 38) Ausgeführten unter dem Starkdruck folgende Vokale und Diphthonge:

> Kurze Vokale: *a, æ, e, i, o, u, y.*
> Lange Vokale: *ā, ǣ, ē, ī, ō, ū, ȳ.*
> Kurzdiphthonge: *ęa, ęo, ie, io.*
> Langdiphthonge: *ǣa, ēo, īe, īo.*

3

b) Konsonanten (vgl. § 25)

40. Stimmhaft- und Stimmloswerdung

In sth. Umgebung werden die stl. Spiranten *f, s, þ* im Ae. sth. *ƀ, z, đ,* was in der Schreibung jedoch nicht zum Ausdruck kommt (§ 19); anderseits gehen die sth. *ƀ, g* vor stl. Konsonanten sowie im Auslaut zu stl. *f, χ* über. — Vor und nach stl. Konsonanten wird *d* zu *t*.

Beispiele: *wulfas, nosu, brōþor* (ne. *wolves, nose, brother*); N. *wīf* : G. *wīfes* (v), N. *ʒenōh* : G. *ʒenōʒes* (ne. *wife : wife's, enough* : archaisch *enow*); *þū bindest > bintst*, Prät. *cēpte, ʒrētte* usw. zu Inf. *cēpan, ʒrētan* (ne. *keep, greet*).

In Verbindung mit *l* wird urg. *þ > ae. d.*

1. *lþ > ld > ld*: Got. *balþaba* (Adv.), *gulþ* (< urg. **gulþa(n) < idg. *ĝhl̥tom,* vgl. §§ 21, 5; 22, 2; 48, 1, 2), *wilþeis = ae. b(e)ald, ʒold, wilde* (ne. *bold, gold, wild*);

2. *þl* nach langem Vokal > ws. *dl*: Got. *nēþla,* as. *nādla = ae.* (ws.) *nǣdl,* (angl.) *nēþl,* ndh. auch *nēdl* (ne. *needle*). *þl* nach kurzem Vokal > ws. *tl*: Ahd. *sethal,* germ. **seþla = ae.* (ws.) *setl* 'Sitz', (angl.) *seþel, sedl* mit Metathese poet. *seld* (ne. *settle*).

41. Verdopplung und Vereinfachung

Noch im Ae. haben *r* und *l* geminierende Kraft (§ 25, 3 b). Nach Verdopplung des vorausgehenden Konsonanten wird ein langer Vokal oder Diphthong vor nunmehr langer Konsonanz gekürzt.

Ae. *blǣdre, hwītra, dēopra, bet(e)ra* (got. *batiza*) > *blæddre, hwittra, deoppra, bettra* (ne. *bladder, whiter, deeper, better*).

Vereinfachung von Doppelkonsonanten tritt vor und nach anderen Konsonanten ein sowie häufig im Wort- oder Silbenauslaut.

Inf. ae. *sendan, restan* (ne. *send, rest*), Prät. *sende, reste < *send-de, *rest-te; man(n), bed(d).*

42. Metathese

1. Vor kurzen Vokalen stehendes *r* hat häufig Umstellung erfahren, falls *n, nn, -s* oder *s* + Konsonant darauf folgten.

Got. *razn*, aisl. *rann*, got. ahd. as. *brinnan*, got. aisl. ahd. as. *gras*, aisl. ahd. *hross* = ae. *ærn* 'Haus', ws. *birnan* (angl. *biornan*, *beornan*), *zærs* (*zræs*), *hors* (ne. *burn*, *grass*, *horse*).

Im Angl. begann die Metathesis schon vor der Zeit der Brechung, im Ws. und Kent. erst nach derselben.

2. Im Ws. sind auch *sc* und *sp* häufig umgestellt worden. *Fiscas*, *āscian*, *wæsp* neben *fixas*, *āxian*, *wæps* (ne. *fishes*, *ask*, *wasp*).

3. In druckschwacher Silbe wird *l* nach stl. Spirans umgestellt.

As. *rādislo* (nhd. *Rätsel*) = ae. * rǣdels* (ne. *riddle*).

43. Assimilation

Häufig gleicht sich im Ae. ein Konsonant dem folgenden an (regressive A.), zuweilen aber auch dem vorangehenden (progressive A.).

Ws. *hīehra*, *nēahra* > ws. *hīerra*, *nēarra* (ne. *higher*, *nearer*); *wīfman*, *cȳþde* > spät-ae. *wimman* (ne. *woman*), *cȳdde* 'kündete'; ws. *nē(a)hʒebūr* > spät-ae. *nēhhebūr* (ne. *neighbour*).

44. Palatalisierung und Assibilierung
(Die Aussprache von ae. *c*, *ʒ*, *sc*)

Bereits in ur-ae. Zeit, noch vor Eintritt des *i*-Umlauts, werden in der anglofriesischen Sprachgruppe die germ. Velare *k*, *g*, *sk* in palatale und velare Gaumenlaute aufgespalten, was in der ae. Schreibung *c*, *ʒ*, *sc* jedoch nicht zum Ausdruck kommt. Die ae. Runenschrift unterschied die palatalen und velaren *c* und *ʒ* durch besondere Zeichen (s. Sievers-Brunner, § 205 Anm. 1). Es nahm ae. palatales *ć* etwa die Aussprache des *k* in nhd. *Kind* an, ae. palatales *ʒ́* fiel mit germ. *j* zusammen (s. § 30).

I. Ae. *c* und *ʒ*

Unter folgenden Bedingungen wurden germ. *k* und *g* zu ae. palatalen *ć* und *ʒ́*:

a) Im **Anlaut** vor den primären (d. h. vor den schon

3*

vor dem *i*-Umlaut vorhandenen) ae. palatalen Vokalen
und Diphthongen.

Ahd. *gart, gelo* (G. *gelwes*), *geban* = ae. *ȝeard* (§§ 26, 1;
29, 1 b), *ȝeolu, -o* (§§ 32, 2; 70, 2), *ȝ(i)efan* (§ 30, 1), ne. *yard,
yellow, give* skand.; — aber: ae. *ȝēs, ȝylden, ȝyrdan, ȝāst, ȝlī-
dan* mit sth. velarem Verschlußlaut *g* (ne. *geese, golden, gird,
ghost, glide*) = ur-ae. *ȝōsi (< wg. *gansiz nach § 28, 1), ahd.
as. *guldin*, as. *gurdian*, ahd. *geist, glītan*.

Anlautendes palatales *c* wird im Laufe der ae. Zeit
weiter zur Affrikate *č* [*tš*] assibiliert.

Ahd. as. *kinni* = ae. *ćin* > *ćjin > *tjin > *čin* (ne.
chin); ahd. *kiosan, kiuwan, kāsi, kalt* = ae. *čȩosan, čȩowan,
čȩse* (§ 31,7), ws. *čeald* (§ 29,1 c), ne. *choose* < ae. *čeósan, chew,
cheese*; — aber: ae. *cyssan, cyninȝ, cȩne, cuman, clǣne*, angl.
cald mit stl. velarem Verschlußlaut *k* (ne. *kiss, king, keen,
come, clean, cold*) ≕ wg. *kussian, *kuningaz, *kōni, ahd.
koman, kleini, kalt.

b) Im Inlaut zwischen primären ae. palatalen Vokalen, ferner zwischen Palatalvokal + Kons.

Ahd. G. *tages*, got. *augō, fagrs*, aisl. *regn* = ae. *dæȝes*,
(angl.) *ēȝe* (§ 35,1), *fæȝer, reȝn* (ne. *day's, eye, fair, rain*); —
aber: ae. *lyȝe, fuȝol* 'Vogel', (ws.) *ēaȝe, folȝian* mit velarem
Reibelaut *ȝ* (ne. *lie* Sb., *fowl, follow*) = ahd. *lugī, fogal, ouga*,
germ. *fulgōjan.

Inlautendes palatales *ć* und der palatale sth. Verschlußlaut *ȝ*, der auf germ. *g* < *g* nach dem Nasal *ŋ*
(§ 23, 2) bzw. auf wg. *gg* < *gj* (§ 25, 3a) zurückgeht, erfahren dann vor ur-ae. *i, j* über *ćj, tj* bzw. *gj, dj* noch
Assibilierung zu *č* (*tš*) und *ȝ* (*dž*).

Wg. *sōkian, *stiki, *draŋkian, *saŋgian, *bruggjō, **ligg-
jan* (got. *sōkjan*, as. *stiki*, ahd. *trenkan*, afr. *senga*, as. *-bruggia*,
liggian) > ae. *sēčan, stiče, drenčan, senȝan, bryčȝ (ddž), lič̣ȝan*
(ne. *be-seech, stitch, drench, singe, bridge, lie* Vb.); — aber:
ae. *macian, lōcian* < germ. *makōjan, *lōkōjan über *makējan,
*lōkējan (ne. *make, look*).

Anmerkung 1: Kam *č* durch Synkope des *i* in Mittelsilben (§ 49) vor Kons. zu stehen, so wurde es zu *c*. Es
stehen daher ae. *hē þencþ, þyncþ, þū sȩcs(t)* (< *-iþ, -is*)

neben dem Inf. ae. *þenčan, þynčan, sēčan* (ne. *think, seek* :
beseech) = got. *þagkjan, þugkjan, sōkjan*.

Anmerkung 2: In der 2. 3. Sg. Präs. der mit germ.
-jan abgeleiteten Verben war das im Germ. urspr. inter-
vokale *-j-* vor dem *i* der Endung bereits vor der Wirkung
der wg. Konsonantenverdoppelung (§ 25, 3a) geschwun-
den (2. 3. Sg. germ. **lagi(j)iz, *lagi(j)iþ* zu Inf. **lagjan-* >
ae. *leʒes(t), leʒeþ* zu *lečȝan*, ebenso **sagjan-, *bugjan-* usw.;
ne. *lay, say, buy* nach der 2. 3. Sg.). Es trat daher hier
keine Gemination und somit auch keine Assibilierung von
wg. *gg* > *dž* ein.

c) Im **Auslaut** ist *ȝ* palatal nach allen palatalen Vokalen.

Ahd. *tag, weg, hevig* = ae. *dæʒ, weʒ, hefiʒ* (ne. *day, way,
heavy*).

Auslautendes palatales *ć* wird weiter zu *č* assibiliert
nach unmittelbar vorausgehendem *i*.

As. *dīk*, got. *ik*, germ. **hwalīk (hwa* = lat. *quod), *hwilīk*
(got. *hwileiks, hwi* = lat. *quis*) : **swalīk* (got. *swaleiks*) = ae.
dīč, ič, altws. angl. *hwelč, swelč*, spätws. *hwilč hwylč* (§ 33,5),
danach durch Angleichung *swilč swylč* (ne. *ditch, dike* skand.,
I, which, such).

Die **Palatalisierungs- und Assibilierungsgesetze** gelten
für das **ganze** ae. Sprachgebiet. Die besonders im Norden und Nordosten auftretenden Wörter mit velarem *k*,
g an Stelle von ae. *tš, dž* erklären sich durch die Aufnahme
zahlreicher altnord. Lehnwörter, die später nach Süden
drangen.

Lat. *catillus* = ae. *č(i)etel* (> ne. **chettle*); aisl. *ketill* (> ne.
kettle); neben ae. *-ʒ(i)etan, ʒ(i)efan, ʒift, ʒ(i)est* usw. stellen
sich aisl. *geta, gefa, gift, gestr* (ne. *get, give, gift, guest* mit
skand. *g*).

Kriterien für den Eintritt der Palatalisierung und
Assibilierung sind:

1. Die umgekehrte Schreibung *fečč(e)an* für älteres *fetian* (Zusammenfall von *č* mit *tj*, vgl. § 77, Kl. III, 4) in einer Handschrift aus der zweiten Hälfte des 9. Jhs., *orčȝeard* für *ortȝeard* in der Hs. H der Cura Past. (ne. *fetch*, *orchard*). — 2. § 30, 1. — 3. Die Runenzeichen (s. o.). — 4. Der Einschub eines *e* oder *i* als graphisches Hilfszeichen zwischen inlaut. palat. *ć, ȝ, sć* + velarem Schwachdruckvokal (ae. *sēč(e)an*, D.Pl. *ēč(i)um* zu *ēče, lič*ȝ*(e)an, seč*ȝ*(e)an, wȳsc(e)an*).

II. Ae. sc.

a) Im **Anlaut** wurde *sc* überall palatal, jedoch zuerst vor palatalen, später dann auch vor velaren Vokalen (s. § 30, 1 und 2).

Um die Mitte des 10. Jhs. war anlautendes ae. *sc*-bereits in allen Fällen auf dem Wege zur breiten Spirans *š* [ʃ].[1] Für alle anlaut. *sc* kann die Entwicklung von *sk* > *sχ* > *š* angesetzt werden.

Ahd. *scal, scolta, skīnan, scouwōn, scuoh* (*uo* < *ō*) = spätae. *sćeal, sć(e)olde, sćīnan, sćēawian, sć(e)ōh* (ne. *shall, should, shine, show* < ae. *sćę̄awian, shoe*).

b) Im **Inlaut und Auslaut** bewahrte *sc*, das nicht unter dem Einfluß palataler Vokale steht, seine *sk*-Aussprache bis weit ins 10. Jh.

Ahd. *wascan, fisca, frosc* = ae. *wascan waxan* (§ 26,1), *fiscas fixas, frosc frox* (ne. *wash, fishes, frog* < ae. *froȝȝa*).

Kriterium[2]: Metathese (Umstellung) von *sc* zu *cs* (*x*) auf ws. Gebiet gegen Ende des 9. Jhs. (§ 42,2).

c) Gegen Ende des 10. Jhs. wurde *sc* auch im In- und Auslaut zur breiten Spirans *š* [ʃ]. Diese trat un-

---

[1] H. M. Flasdieck, Die Entstehung des engl. Phonems [ʃ]. In: „Anglia" Band 76, 1958, S. 339—410.

[2] H. Weyhe, Zur Palatalisierung von in- und auslautendem *sk* im Ae. In: „Engl. Studien" 39, 1908, S. 161—188.

mittelbar nach einer Starktonsilbe im Inlaut durchweg
als Geminata [-ʃʃ-] auf, im Auslaut aber als [ʃ] nach
langem und als [ʃ:] nach kurzem Vokal.

Ahd. *wunsken* (wg. **wunskian*), *fiscāri*, *fisc*, *tisc* 'Schüssel,
Tisch' (gr. δίσκος 'Wurfscheibe', lat. *discus*) = spätae.
wȳsčan, *fisčere* (§ 51,3[1]), *fisč fix*, *disč dix* mit Metathese nach
dem Pl. *fixas*, *dixas* (ne. *wish*, *fisher*, *fish*, *dish*).

Der Übergang von ae. *sc* > *š* war zu der Zeit, als die
skand. Lehnwörter in die englische Sprache drangen,
bereits vollzogen, so daß diese ihr *sk* (in ne. *sky*, *skin*,
skill usw.) regelmäßig bewahrten.

Anm. 3: Ae. *scurf sc(e)orf* hat seine *sk*-Lautung unter
skand. Einfluß bis zum ne. *scurf* 'Schorf' bewahrt; bei ae.
scōl < lat. *schola* (ne. *school*) und ae. *scolere* 'Schüler' <
spätlat. *scholārius* (ne. *scholar*) handelt es sich um gelehrte Lehnwörter, die unter dem Einfluß der lat. Lautung
standen.

45. Vokalisierung der Halbvokale *w* und *j*

Treten *w*, *j* auf Grund der Auslautgesetze (§ 48) in den
Auslaut, so gehen sie in *u*, *i* (später *o*, *e*) über, die nach
langer Stammsilbe schwinden (§ 48, 2).

Germ. **melw(a)-* > (ahd. as. *melo*), ae. *meolu meolo* (mit
u-Umlaut), G. *melwes*, D. *melwe*, danach N. *melu*, *-o* (ne.
meal 'grobgemahlenes Mehl'); ae. N. *bealu*, *nearu*, G. *bealwes*,
nearwes (mit Brechung) (ne. *bale*, *narrow*); got. *aiw*, *snaiws* =
ae. **āu*, **snāu* > *ā* 'immer, ewig', *snā*; *snāw* (ne. *snow*) nach
den flekt. Formen G. *snāwes*, D. *snāwe*; — got. *harjis* = (ahd.
as. afr. *heri*), ae. *here* (nhd. *Heer*).

46. Das Zeichen *h*

Das ae. *h* bezeichnet drei verschiedene Lautwerte:

1. Den Hauchlaut *h* im Anlaut (< urg. χ).

Hūs, *hēafod*, *hlēapan*, *hnutu*, *hrinʒ*, *hwīt* (ne. *house*, *head*,
leap, *nut*, *ring*, *white*).

Im Ndh. erhält sich ae. der urg. velare Spirant χw- (wie
in schott. Dialekten noch heute). Im frühen 11. Jh.
verstummte das *h* in *hl*, *hn*, *hr*.

2. Die palatale Spirans h ($= X'$ in nhd. *ich*) im Inlaut vor
ursprünglich palatalem Vokal (oder *j*), im Auslaut nach
diesem.

D. *dehter* ($<$ **dohtri*), *niht* ($<$ **nahti*), *lī(e)htan* (*got.*
liuhtjan); angl. *hēh*: ws. *hēah* (ne. *daughter, night, to light, high*).

3. Die velare Spirans h ($= X$ in nhd. *ach*) im Inlaut vor
ursprünglich velarem Vokal, im Auslaut nach diesem.

Dohtor, brōhte (got. *brāhta*), *rūh, ƥurh, ʒenōh* (ne. *daughter,*
brought, rough, through, enough).

Anmerkung; Inlautendes einfaches h zwischen Vokalen schwand (§ 36); *hs* ($= \chi s$) wurde zu *ks* (geschrieben *x*).

Got. *aúhsa*, ahd. as. *ohso*, got. *wahsjan*, ahd. as. *wahsan* $=$
ae. *oxa, weaxan* (ne. *ox, wax*, nhd. *Ochse, wachsen*).

Entwicklung unter dem Schwachdruck

47. Die Druckverteilung

Der Starkdruck, der im Indogermanischen frei war,
wurde im Germanischen auf die Wurzelsilbe festgelegt,
die meistens die erste Silbe eines Wortes ist bis auf folgende
Ausnahmen:

1. Die Vorsilben der im Urg. entstandenen Verbalkomposita stehen stets unter dem Schwachdruck (ae.
forlĕosan, onfón, opflĕon; nhd. *verlíeren, empfángen,*
entflíehen), wie auch

2. die drei Präfixe ae. *ʒe-, be-, for-* (nhd. *Ge-, Be-, Ver-*)
der Nominalkomposita (ae. *ʒebéd, beʒánʒ, forbód*; nhd.
Gebét, Beréich, Verbót).

Die von Nominalkompositis abgeleiteten Verben (ae. Sb.
ándswaru: Vb. *ándswerian*; ne. *ánswer*) wie auch die erst
im Ae. gebildeten trennbaren Verbalkomposita (*fóresēon,*
úpflēoʒan, útdrīfan; nhd. *vór(her)sehen, aúffliegen, aús-*
treiben) tragen den Starkdruck ebenfalls auf der ersten
Silbe.

48. Die germanischen Auslautgesetze

Die Festlegung des Starkdrucks im Germ. bewirkte nun den Verfall der druckschwachen Endsilben.

1. Die idg. Endkonsonanten schwinden im Urg. bis auf *s* und *r*. Auslaut. idg. *-s*, das nach Verners Gesetz (§ 23, Ausn. 2) im Urg. mit *-z* wechselte, wurde im Ostgerm. (Got.) durchweg zu *-s*, im Nordgerm. (über runisches *-R*) zu *-r*, im Westgerm. ist *-z* geschwunden, so daß hier nur noch *-r* erhalten blieb.

Idg. **ghostis* (lat. *hostis*) > urg. **gastiz* > got. *gasts*, urnord. *gasti R*, aisl. *gestr*, ahd. as. *gast*, ae. *з(i)est* (§ 31,7); — idg. **pǝtḗr* (lat. *pater*) > urg. **fadǣr* > got. *fadar*, aisl. *faðir*, ahd. *fater*, as. *fadar*, afr. *feder*, ae. *fæder*.

Auslaut. idg. *-m* wurde im Urg. zu *-n*, das wie auslaut. Dental und *-z* in einsilbigen Wörtern nach kurzem Vokal erhalten blieb (*z > r*).

Idg. **tom* (lat. *tum* 'dann') > urg. **þan* > got. *þan*, as. afr. *than*, ae. *þan þon*; — idg. **quod* (lat. *quod*) > urg. **χuat* > aisl. *hvat*, ahd. *hwaz*, as. *hwat*, afr. *hwet*, ae. *hwæt*; — lat. *is* = urg. **iz* > got. *is*, ahd. *er ir*.

Anmerkung: Die anderen im Auslaut ae. (wg.) Wörter stehenden Konsonanten sind also sämtlich durch Abfall ursprünglich darauffolgender Laute zu erklären.

2. Die idg. (wie auch die erst urg. nach Abfall von Endkonsonanten in den Auslaut tretenden) kurzen Endvokale *a, o, e* fallen sowohl im absoluten als auch im gedeckten Auslaut im Urg. ab[1]); *i* und *u* bleiben und erfahren im Wg. besondere Behandlung: sie schwinden nach langer Stammsilbe, bleiben jedoch nach kurzer erhalten. Ebenso erhält sich ae. *u* nach langer Stamm- und kurzer Mittelsilbe: *hḗaf(o)du* (ne. *heads*).

---

[1]) In den aus einer germ. Sprache des 2./3. Jhs. stammenden finnischen Lehnwörtern *kuningas* 'König', *armas* 'lieb', *kaunis* 'schön' usw. (urg. **kuningaz*, **armaz* 'arm', **skauniz*) sind die vollen germ. Endungen bis heute erhalten.

Urg. *gasliz > *gasli > ae. ʒ(i)est (§ 31,7); — urg. *stadiz (got. staps) > as. stedi stidi, afr. stide, ae. stede mit Senkung von -i > -e, § 51,1 (ne. stead); urg. *handuz (got. handus) > ahd. hant, as. afr. ae. hand (ne. hand); — urg. *sunuz (got. sunus) > ahd. as. afr. ae. sunu (ne. son). Daher (§ 53): ae. Sg. na. wif — word; lim — dæl; Pl. wif — word; limu — dalu.

Anmerkung: Eine lange Stammsilbe liegt ae. vor: 1. bei langem Vokal oder Diphthong, 2. bei kurzem Vokal oder Diphthong vor mehrfacher Konsonanz.

In einsilbigen Wörtern blieben unter dem Starkdruck kurze Vokale erhalten.

Idg. *ad, *ne (lat. ad, ne-) > got. at, ni, ahd. az, ne ni, as. at, ne ni, ae. æt 'an, bei', ne ni 'nicht'.

3. Die idg. (wie auch die erst urg.) langen Endvokale werden in den germanischen Sprachen meist gekürzt und umgefärbt. Z. B. erscheinen urg. -ō (< idg. -ā, -ō), -ǣ (< -ē) und ī im Ae. als -u, -e und -i; diese -u, -i werden dann wie die ursprünglichen -u, -i behandelt (s. unter 2).

Idg. *bherō (lat. ferō) > ae. beru (§ 76a); urg. *wurdō (lat. Pl. verbā, Sg. verbum < *verdhom), *limō > ae. Pl. word, limu; alat. velut = got. ahd. as. wili, ae. wile.

4. Die idg. langen auslautenden Diphthonge werden urg. gekürzt und dann wie die kurzen in den germ. Sprachen monophthongiert; doch erhält sich im Got. noch -ai, -au. Idg. *októu > urg. *aχtau = got. ahtau, ahd. as. ahto, afr. achta, ae. e(a)hta, æhta; N. Pl. m. got. blindai, ae. blinde.

Die große Vielheit idg. Endungen wird im Ae. auf die Endungen -i (später -e), -u (später -o), -a und -e reduziert.

49. Synkope germanischer Mittelvokale

Jeder ursprünglich kurze Mittelvokal wird im Ae. nach langer Stammsilbe ausgestoßen (synkopiert), sofern er nicht durch Position geschützt ist.

Got. hausida = ae. (ws.) hierde, (angl.) herde (§ 31, 7) (ne. he heard); N. Sg. ae. heafod, hāliʒ, sāwol (ne. head, holy, soul); G. heafdes, hālʒes, sāwle.

Doch erleidet diese Regel durch Analogiewirkung manche Ausnahmen.

50. Silbische Liquide und Nasale

Wie schon im Germ. (§ 21,5), so sind die Liquiden *r*, *l*
und die Nasale *m*, *n* auch im Ae. noch silbenbildend, sofern sie auf Grund der Auslautgesetze nach einem Konsonanten in den Wortauslaut zu stehen kamen. Der neugebildete Sproßvokal ist *e* nach palatalem, *o* (*u*) nach velarem
Stammvokal. Am regelmäßigsten findet er sich vor *r*, seltener vor *l* und *n*, am wenigsten vor *m*.

Got. *fagrs, fugls, ibns*, as. afr. *bōsm* = ae. *fæʒer, fuʒol, efn*
efen, bōsm bōsum (ne. *fair, fowl, even, bosom*).

51. Die ae. Vokale unter dem Schwachdruck

1. Etwa um die Mitte des 8. Jhs. werden früh-ae. *ĭ, æ̆* und
ŭ in druckschwachen Silben zu *ĕ* und *ŏ* (später auch *a*)
abgeschwächt.

Got. *mikils*, aisl. *mikill*, ahd. *mihhil*, as. *mikil* = ae. *miċel*
myċel (ne. *much*); got. *ubils*, ahd. *ubil*, as. *uƀil* = ae. *yfel* (ne.
evil); *bindiþ > he bindeþ* (< urg. *-iþi*); got. *nasida* = ae. *neridæ*
> nerede (S. 112); urg. **dagas(a) > dæʒæs > dæʒes* (§ 53);
got. *bērun* = ae. *bǣrun bērun* (§ 21,2) *> bǣron bēron*; – aber:
ahd. *honag, manag, botah* = ae. *huniʒ, maniʒ moniʒ, bodiʒ* (ne.
honey, many, body), wo sich germ. *-ag* über ae. *-æʒ* zu *-iʒ* entwickelt hat.

Anmerkung: Doch wurde *ĭ* vor palatalen Konsonanten nicht zu *ĕ* gesenkt.

Enʒlisc, ūsiċ (§ 64), *hefiʒ* (D. Sg. *hefiʒe* – aber D. Pl. *hefeʒum*,
da *ʒ* vor *u* (*a*) velar; ebenso Beowulf Vers 337 *maniʒe men*:
Vers 5 *moneʒum mǣʒþum*).

2. Idg. *ŏ* erscheint unter dem Schwachdruck vor *m* got.
als *ă*, ae. (wg.) jedoch als *ŭ*.

Got. D. Sg. *blindamma* zu N. *blinds* – ae. *blindum* zu N.
blind (§ 70); got. D. Pl. *dagam* – ae. *daʒum* (§ 53) < idg.
*dhoghomis.

Dieses *ŭ* wurde ae. nicht zu *ŏ* gesenkt. Im Spätae. geht
die Endung *-um* in *-un*, *-on*, *-an* über.

3. Die ursprünglich langen druckschwachen Vokale
werden gekürzt:

a) $\bar{æ} > \bar{e}$.

Got. *bōkāreis* (ahd. *buohhāri*) = ae. **bōcǣre* > *bōcere*
'Schriftgelehrter'.

b) $\bar{\imath} > \bar{\imath} > \bar{e}$ (s. o.).

Ahd. *magatīn*, as. ahd. *guldīn*, got. *gulþeins* = ae. *mæʒden*,
ʒ*yldên* (ne. *maid(en)*, *golden* nach Sb.).

c) $\bar{o} > \bar{o}$, $\bar{a}$, $\bar{u}$ (in den ae. Dialekten wechselnd).

Beispiele s. § 77, Klasse II; ferner got. *armōsts* = ae.
earmōst (auch -*ast*, -*ust*), § 72 b; got. *mēnōþs*, ahd. *mānōd* = ae.
mōnaþ (ne. *month*).

d) $\bar{u} > \bar{u}$.

Urg. **duʒunþ-*, **juʒunþ-* > **duʒūþ*, **juʒūþ* (§ 28,1) > ae.
duʒuþ 'Tugend', ɪ*uʒuþ* ʒ(*e*)*oʒoþ* (§ 30,2), ne. *youth*.

4. Aber nicht nur in ae. End- und Mittelsilben trat Abschwächung druckschwacher Vokale ein, sondern wie im
Ne. auch in druckschwachen Vorsilben und Wörtern,
namentlich in den sog. Formwörtern.

Ae. *órþonc* 'Klugheit': *ǎþénčan* 'erdenken' (vgl. nhd. *Úr-
laub*: *erláuben*); spätae. *abūtan*, *aweʒ*, *amonʒ* für *onbūtan*, *on-
weʒ*, *on ʒemonʒ* (ne. *about*, *away*, *among*); Präp. *be*, Adv. *bī*;
ni, *ne* + *wæs*, *wǣron*, *wolde*, *is*, *habban* usw. > *næs*, *nǣron*,
nolde, *nis*, *nabban* (ne. *was*, *were*, *would*, *is*, *have not*); *bi-*, *be-*
+ *ūtan*, *ufan* > *būtan*, *bufan* (ne. *about*, *but*, *above*); *þǔ*, *hě*,
mě, *wě* usw. (ne. *thou*, *he*, *me*, *we*); *te* für *tō* (Beow. V. 2922),
fer für *for* (s. Förster, Reliquienkultus, S. 21[1]).

5. a) Im Spätws. erscheint in Wörtern unter dem
Schwachdruck häufig *y* für abgeschwächtes *i*.

Spätws. *hys*, *hyne*, *hyt*, *hym* (§ 64), *byst*. *byþ*, *ys*, *synt*,
synd(on) (§ 79), *þysse*, *þyssa* usw. (§ 66).

Auch für abgeschwächtes *e* in Endsilben tritt bisweilen
y auf.

Spät-ws. *fædyr*, *wintrys*, *hǣlynd* für *fæder*, *wintres*, *hǣlend*
'Heiland'.

Anmerkung 1: Dagegen erklärt sich *y* für *i* in Wörtern
wie ae. *lybban*, *nyman*, *fyndan*, *dryncan*, *fyrst*, *čyriče*
für ae. *libban* 'leben', *niman* 'nehmen', *findan* 'finden',
drincan 'trinken', *first* 'Frist' (§ 42), *čiriče* 'Kirche' usw.

verschiedenartig. Neben Labialen und neben *r* ist ae.
wohl ein *ü*-ähnlicher Laut anzusetzen (vgl. ae. *čiriče,
čyriče* > me. *chirche, churche*), im übrigen muß man, auch
bei *ȳ* für *ī*, mit umgekehrten Schreibungen rechnen
(vgl. §§ 31,7; 33,5).

Anmerkung 2: Vor und nach Palatalen wird *ȳ̌* (< *i*-
Umlaut von *ŭ*) hauptsächlich spätws. (Aelfric) zu *ĭ* ent-
rundet. Im Anglischen ist die Entrundung seltener.

Komp. *ʒinʒra*, Sup. *ʒinʒest* (mit *i* nach *ʒ* < germ. *j* bereits
frühws. und angl.) für *ʒynʒra, ʒynʒest* (§ 72 a) zu *ʒunʒ* (§ 30,2)
'jung'; *cininʒ, scildiʒ* für *cyninʒ* 'König', *scyldiʒ* 'schuldig';
hiʒe, driʒe, hičʒan, fliht, drihten für *hyʒe* 'Sinn', *drȳʒe* 'trocken',
hyčʒan 'denken', *flyht* 'Flucht', *dryhten* 'Herr'; vor *n, l* +
Palatal: *þinčan, hinʒrian, filʒan* für *þynčan* 'dünken', *hynʒ-
rian* 'hungern', *fylʒan* (neben *folʒian*) 'folgen'.

   b) Das Spätndh. verwendet die Endsilbenvokale ziemlich unterschiedslos.[9] Im Spätws. war die Orthographie
weitgehend geregelt (§ 17), so daß hier nur gelegentlich
umgekehrte Schreibungen wie N. Pl. -*es* für -*as* oder G. Sg.
-*as* für -*es* anzutreffen sind. Doch lassen auch sie erkennen,
daß um die Wende des 10./11. Jhs. eine allgemeine Abschwächung der Endsilbenvokale zu *ə* eintrat.

III. Formenlehre.

Wie das ae. Lautsystem so ist auch der ae. Formenbau
aus dem Idg. (Lat.) her leitbar. Doch sind hier die Verhältnisse wegen einschneidender Änderungen im Germ.
verwickelter.

I. Substantiva.

52. Die im Lateinischen gut unterscheidbaren Deklina-

---

[1]) R. Berndt, Form und Funktion des Verbums im nördlichen Spät-
altenglischen, Halle 1956: ,,Die fortschreitende Verlagerung der Funktion
des syntaktischen Beziehungsausdruckes von der Flexionsendung auf die
neuen praepositiven analytischen Beziehungselemente führte sicherlich auch
dazu, daß der exakten Artikulation der flexivischen Bestandteile nicht mehr
die frühere Bedeutung zugemessen wurde. Damit ist jedoch nicht schon jetzt
notwendigerweise die völlige Verwischung der alten qualitativen Unterschiede verbunden'' (S. 164).

tionsklassen sind im Altenglischen auf Grund der Auslautgesetze stark verwischt worden, so daß es kaum mehr
möglich ist, die Deklinationsklasse eines ae. Substantivs
nach seinem N. Sg. allein zu bestimmen.
An Stelle der Einteilung in fünf Deklinationsklassen
des Lateinischen: 1. *mensa* f. (G. *mensae*) < *mensā*;
2. *servus* m., *bellum* n. (G. *servi, belli*) < *servos, bellom*;
3. *hostis* m., *turris* f., *mare* n. (G. *hostis* usw.) — *homō* m.,
ōrātiō f., *nōmen* n. (G. *hominis* usw.), *pater* m., *māter* f.
(G. *patris* usw.), *genus* n. (G. *generis*), *dēns* m. (G. *dentis*),
pēs m. (G. *pedis*), *nox* f. (G. *noctis*), *amāns* (G. *amantis*)
usw.; 4. *frūctus* m., *domus* f., *cornū* n. (G. *frūctūs* usw.);
5. *rēs* f. (G. *rei*) tritt im Germanischen die Einteilung in
die starke (vokalische) und die schwache (konsonantische)
Deklination, indem die lateinische *ā*-, *o*-, *i*-, *u*- als germanische vokalische *ō*-, *a*-, *i*-, *u*-Deklination weiterlebt
(idg. *ā, o* > germ. *ō, a*; s. § 21) und die konsonantischen
Stämme der lateinischen 3. Deklination gesondert die
germanische konsonantische Deklination ergeben. Die
lateinische 5. (*e*-)Deklination hat für das Germanische
keine Bedeutung.

Von den acht idg. Kasus (Nom. Gen. Dat. Akk. Vok.
Abl. Instr. Lok.) sind im Ae. nur noch fünf (N. G. D. A. I.)
erhalten, wobei in der Dativform Dativ, Instrumentalis
und Lokativ zusammengefallen sind und der Vokativ
gleich dem Nominativ ist.

A. Vokalische (starke) Deklination
1. Die ă-Deklination (idg. ŏ).
53. Sie enthält nur Maskulina und Neutra (lat. *servos,
bellom*).

---

[1] Im Gegensatz zum lat. Paradigma gehört der Artikel im Ae., einer
Sprache, die von der Flexion zur Analyse übergeht, zum Subst. wie das Per-
sonalpronomen zum Verbum (vgl. § 76a). Sie sind für die weitere Entwicklung des Formenbaues mitbestimmend. (W. Horn, Sprachkörper und
Sprachfunktion, ,,Palaestra'' Bd. 135, Leipzig 1923²); Ders., Neue Wege
der Sprachforschung, in: ,,Die Neueren Sprachen'', Beiheft 32, 1939.)

Mask.	kurz-	lang-	mehrsilbig
Sg. N.	*sĕ dæʒ*[1])	*stān*	*finʒer*
G.	*þæs dæʒes*	*stānes*	*finʒres* (§ 49)
D.	*þǣm (þām)*[1]) *dæʒe*	*stāne*	*finʒre*
A.	*þone dæʒ*	*stān*	*finʒer*
I.	*þȳ dæʒe*	*stāne*	*finʒre*
Pl. N.	*þā daʒas* (§ 26,1)	*stānas*	*finʒras*
G.	*þāra (þǣra) daʒa*	*stāna*	*finʒra*
D.	*þǣm (þām) daʒum*	*stānum*	*finʒrum*
A.	*þā daʒas*	*stānas*	*finʒras*

Ne. *day, stone, finger.*

Neutr.

Sg. N. A.	*þæt lim, dæl*	*wīf, word*	*hēafod*
	(wie Mask.)	(wie Mask.)	*hēafdes*
			(wie Mask.)
Pl. N. A.	*þā limu, dalu, -o*	*wīf, word*	*hēaf(o)du*
	(§ 48, 2, 3)	(§ 48, 2, 3)	(§ 48, 2)

Ne. *limb, dale, wife, word, head.*

54. Unterabteilungen bilden 1. die *ja-* und 2. die *wa-* Stämme:

1. Mask. *secʒ* (§ 44, I b) 'Mann', *here* 'Heer' (G. *her(i)ʒes* usw.), *ende* (ne. *end*) < urg. **sagjaz* (lat. *socius* zu *sequi*), **harjaz, *andiaz.* Nach kurzer Wurzelsilbe erscheint *j* + Vokal, nach langer *i* + Vokal (Sievers § 45,8). Das bei Wirkung der Auslautgesetze in den Auslaut tretende *j* fiel außer nach *r* (§ 25,3), während auslautendes silbisches *i* erhalten blieb und später zu *e* gesenkt wurde. Zuvor bewirkte *j* jedoch Gemination und wie *i* auch Umlaut.

Neutr. Sg. *bedd* (ne. *bed*), *rīce* 'Reich' < urg. **baðjan, *rīkian.* — Pl. *bedd, rīc(i)u* (§ 44, I, Ende) < **baðjō, *rīkiō.*

---

[1]) Die eingeklammerten Formen sind jünger.

2. **Mask.** *snāw*, selten *snā* (ne. *snow*), **Neutr.** *trēo(w)* (ne. *tree*) mit *w* aus den flekt. Formen (§ 33,4) < urg. **snaiwaz* (got. *snaiws*), **trewan* (got. *triu*); Neutr. *melu* *meolu* (G. *melwes*), vgl. § 45.

Die Flexion der *ja*- und *wa*-Stämme ist im übrigen dieselbe wie die der *a*-Stämme.

2. Die ō-Deklination (idg. ā)

55. Sie enthält nur Feminina (lat. *mensā* > urg. *-ō* > ae. *-u*; vgl. § 48,3).

		kurz-	lang-	mehrsilbig
Sg.	N.	*sīo sēo talu*, -*o*	*wund*	*sāwol*
	G.	*þǣre tale*	*wunde*	*sāwle* (§ 49)
	D.	*þǣre tale*	*wunde*	*sāwle*
	A.	*þā tale*	*wunde*	*sāwle*
Pl.	N.	*þā tala*, -*e*	*wunda*, -*e*	*sāwla*, -*e*
	G.	*þāra* (*þǣra*) *tala*, -*ena*	*wunda*, -*ena*	*sāwla*
	D.	*þǣm* (*þām*) *talum*	*wundum*	*sāwlum*
	A.	*þā tala*, -*e*	*wunda*, -*e*	*sāwla*, -*e*

Ne. *tale, wound, soul.*

56. Unterabteilungen bilden 1. die *jō*- und 2. die *wō*-Stämme:

1. *synn, bryčǯ* (§ 44, Ib) < urg. **sunjō, *brugjō*. Das *j* bewirkt wieder Umlaut und Verdopplung des vorausgehenden Konsonanten, so daß die ursprünglich kurzen mit den ursprünglich langen Stämmen (etwa mit ae. *ʒ(i)erd, rest*; ne. *yard, rest*) zusammenfallen.

2. *sceadu* (§ 32,1), *mǣd* (§ 45), G. D. A. *sceadwe, mǣdwe* (ne. *shade, shadow — mead, meodow*) < urg. **skaðwō, *mǣðwō.*

Bis auf den G. Pl., der niemals die Endung -*ena* annimmt, stimmt ihre Flexion mit den reinen ō-Stämmen überein.

3. Die ĭ-Deklination (idg. ĭ)

57. Sie enthält Maskulina, Feminina und einige Neutra (lat. *hostis* m.. *turris* f., *mare* n. < **mari*). Doch ist im Ae. schon meist Zusammenfall mit der ă- und ō-Deklination eingetreten.

	Mask. kurz-	lang-	Neutr. kurz-	Fem. langsilbig
Sg. N.	*sĕ stiče*	*ʒ(i)est*	*þæt spere*	*sio, sēo dǣd*
		(§§ 30,1; 31,7)		
G.	*þæs stičes*	*ʒ(i)estes*	− *speres*	*þǣre dǣde*
D.	*þǣm (þām)*	*ʒ(i)este*	− *spere*	*þǣre dǣde*
	stiče			
A.	*þone stiče*	*ʒ(i)est*	*þæt spere*	*þā dǣd*
Pl. N.	*þā stiče, -as*	*ʒ(i)estas*	− *speru, -o*	− *dǣde, -a*
G.	*þāra (þǣra)*	*ʒ(i)esta*	− *spera*	− *dǣda*
	stiča			
D.	*þǣm (þām)*	*ʒ(i)estum*	− *sperum*	− *dǣdum*
	stičum			
A.	*þā stiče, -as*	*ʒ(i)estas*	− *speru, -o*	− *dǣde, -a*

Ne. *stitch, guest, spear, deed.* — Ae. *stiče, ʒ(i)est, dǣd, spere* < urg. **stikiz, •*gastiz, *dǣđiz, *speri.*

1. Die langsilbigen **Maskulina** sind fast sämtlich in die *a*-Deklination übergetreten und nur noch am *i*-Umlaut der Stammsilbe erkennbar bis auf einige Pluralia tantum mit *-e* (< *i*) im N. A. Pl. (z. B. *līode lēode* 'Leute', *ielde ylde* 'Menschen') und Völkernamen (*Enʒle* 'Angeln', *Seaxc* 'Sachsen').

2. Die kurzsilbigen **Feminina** sind ganz, die langsilbigen bis auf den A. Sg. in die ō-Deklination übergetreten.

3. Die kurzsilbigen **Neutra** gehen bis auf den N. A. Sg. nach der *a*-Deklination.

4. Die ŭ-Deklination (idg. ŭ)

58. Sie enthält nur noch Maskulina und Feminina (lat. *frūctus* m., *domus* f., *cornū* n.). Auch hier ist ein großer Teil bereits in die *a*- oder ō-Deklination übergetreten.

Mask. kurz-	lang-	Fem. kurz-	langsilbig
Sg. N. *sĕ sunu*, -o	*feld*	*sio, sēo duru*	*hand* (§ 48, 2)
(§ 48, 2)			
G. *þæs suna*	*felda*, -es	*þǣre dura*	*handa*
D. *þǣm (þām)*	*felda*, -e	*þǣre dura*	*handa*
suna			
A. *þone sunu*, -o *feld*		*þā dura*	*hand*
Pl. N. *þā suna*	*felda*, -as	– *dura*	*handa*
G. *þāra (þǣra)*	*felda*	– *dura*	*handa*
suna			
D. *þǣm (þām)*	*feldum*	– *durum*	*handum*
sunum			
A. *þā suna*	*felda*, -as	– *dura*	*handa*
Ne. *son, field, door, hand.*			

Analog zur *a*-Deklination gebildete Formen wie G.
feldes, D. *felde*, N. A. Pl. *feldas* werden in spät-ae. Zeit
immer häufiger. Neben G. D. Sg. *dura, nosa* (ne. *nose*) begegnen häufig die Formen *dure, nose* nach der *ō*-Dekli-
nation.

B. *Konsonantische (schwache) Deklination*

1. Die *n*-Deklination (idg. *n*)

59. Sie enthält Maskulina, Feminina und zwei Neutra
(lat. *homō* m., *ōrātiō* f., *nōmen* n.; G. *hominis, ōrātiōnis,
nōminis*).

	Mask.	kontr.	Neutr.
Sg. N.	*sĕ ȝuma* 'Mann'	*flēa* (§ 36,1)	*þæt ēaȝe*
G.	*þæs ȝuman*	*flēan*	– *ēaȝan*
D.	*þǣm (þām) ȝuman*	*flēan*	– *ēaȝan*
A.	*þone ȝuman*	*flēan*	*þæt ēaȝe*
Pl. N.	*þā ȝuman*	*flēọn*	– *ēaȝan*
G.	*þāra (þǣra) ȝumena*	*flēana*	– *ēaȝena*
D.	*þǣm (þām) ȝumum*	*flēa(u)m*	– *ēaȝum*
A.	*þā ȝuman*	*flēan*	– *ēaȝan*

	Fem.		kontr.
Sg. N.	*sīo, sēo*	*tunʒe*	*bēo*
G.	*þǣre*	*tunʒan*	*bēon*
D.	*þǣre*	*tunʒan*	*bēon*
A.	*þā*	*tunʒan*	*bēon*
Pl. N.	*þā*	*tunʒan*	*bēon*
G.	*þāra* (*þǣra*)	*tunʒena*	*bēona*
D.	*þǣm* (*þām*)	*tunʒum*	*bēom*
A.	*þā*	*tunʒan*	*bēon*

Ne. *bridegroom* < ae. *brȳdʒuma* (angelehnt an *groom*), *flea, eye, tongue, bee*.

1. Die Deklination der drei Geschlechter unterscheidet sich nur im N. Sg. (A. Sg. Neutr.).

2. Die meisten kurzsilbigen Feminina gehen in Analogie zur ō-Deklination (*talu*) schon früh-ae. im N. Sg. auf -*u* statt -*e* aus (z. B. *spadu, þrotu, wicu wucu* neben *spade, þrote, wice wuce*; ne. *spade, throat, week*).

3. Wie *ēaʒe* flektiert nur noch *ēare* (ne. *ear*).

4. Neben den konkreten Feminina auf -*ōn* (got. N. *tuggō*, G. *tuggōns* usw.; *gg = ng*) stehen im Germ. die abstrakten Feminina auf -*īn* (got. N. *managei*, G. *manageins* usw.; *ei = ī*).

Ae. *brǣdu* 'Breite', *hǣlu* 'Heil', *hǣtu* 'Hitze', ws. *ieldu yldo*, angl. *ældu* 'Alter', *menʒu meniʒ(e)o* 'Menge', *strenʒu* 'Kraft' zu ae. *brād, hāl, hāt, (e)ald, maniʒ moniʒ, stranʒ stronʒ* (ne. *broad, whole, hot, old, many, strong*).

Im Ae. ist diese Klasse in die ō-Dekl. (§ 55) übergegangen. Häufig drang das N. -*u, -o* auch in die flekt. Formen ein. Der germ. Ausgang -*ī(n)* > *i(n)* hat im Ae. Umlaut des Stammvokals nach § 31 und Palatalisierung vorausgehender Velare nach § 44 bewirkt.

2. Die r-Deklination (idg. r)

60. Sie enthält die Verwandtschaftsnamen (lat. *pater, frāter, māter, soror*, gr. *thygátēr*; G. *patris, frātris* usw.).

84 Formenlehre

	Maskulinum		Femininum			
Sg. N.	*sē fæder*	*brōþor*	*sēo*	*mōdor*	*dohtor*	*sweostor*
G.	*þæs fæ-* *der, -eres*	*brōþor*	*þǣre*	*mōdor*	*dohtor*	*sweostor*
D.	*þǣm fæder*	*brēþer*	*þǣre*	*mēder*	*dehter*	*sweostor*
A.	*þone fæder*	*brōþor*	*þā*	*mōdor*	*dohtor*	*sweostor*
Pl. N.	*þā fæderas*	*brōþor,* *-þru*	—	*mōdor,* *-dru, -dra* etc.	*dohtor*	*sweostor*
G.	*þāra fædera*	*brōþra*	—	*mōdra*	*dohtra*	*sweostra*
D.	*þǣm fæde-* *rum*	*brōþrum*	—	*mōdrum*	*dohtrum*	*sweo-* *strum*
A.	*þā fæderas*	*brōþor,* *-þru*	—	*mōdor,* *-dru,-dra* etc.	*dohtor*	*sweostor*

Ne. *father, brother, mother, daughter, sister* (< aisl. *systir*).

1. Die Formen G. Sg. *fæderes*, N. A. Pl. *fæderas* sind nach der *a*-Deklination, N. A. Pl. *mōdra, dohtra* nach der *ō*-Deklination umgebildet, da sie wenig im Pl. gebraucht wurden.

2. D. *brēþer, mēder* < urg. *brōþri, *mōđri; zu *dehter* s. § 31, 3; angl. auch D. *feder* < urg. *fađri.

3. Die Form N. A. Pl. *brōþru* neben *brōþor* stammt aus dem kollektiven Neutrum *ȝebrōþor* 'das Gebrüder' (so noch bei Lessing), dessen pluralische Bedeutung die pluralische (n.) Form nach sich zog: (*ȝe*)*brōþru* 'die Gebrüder'. So auch *ȝesweostor* 'das Geschwister' (d. h. die Schwestern) und (*ȝe*)*sweostru* 'die Geschwister'; ferner (*ȝe*)*sweostra* 'die Schwestern' nach der *ō*-Deklination. Nach *brōþru, sweostru* wurden die Formen *mōdru* und *dohtru* analog gebildet, wobei auch der Einfluß von *calfru, lambru* usw. mitgewirkt haben mag (§ 61).

3. Die s-Deklination (idg. s).

61. Sie enthält nur einige restliche Neutra (lat. *genus*, G. *generis* < *geneses*, Pl. *genera*).

Sg. N. *þæt lamb*   *čīld*   *c(e)alf*
    G. *þæs lambes*   *čīldes*   *c(e)alfes*
    D. *þǣm (þām) lambe*   *čīlde*   *c(e)alfe*
    A. *þæt lamb*   *čīld*   *c(e)alf*
    I. *þȳ lambe*   *čīlde*   *c(e)alfe*

Pl. N. *þā lambru*   *čīld, čildru*   *c(e)alfru*
    G. *þāra (þǣra) lambra*   *čildra*   *c(e)alfra*
    D. *þǣm (þām) lambrum*   *čildrum*   *c(e)alfrum*
    A. *þā lambru*   *čīld, čildru*   *c(e)alfru*

Ne. *lamb, child, calf.*

1. Neben *lamb* besteht die Form *lombor*, wo *r* wie in den Formen *dōȝor* 'Tag' (G. *dōȝores*, D. *dōȝ(o)re* und *dōȝor*), *wildor* 'Wild' usw. (Pl. *dōȝor*, *wildru*) auch im Sg. auftritt.

2. G. D. Sg. ist analog zur *a*-Deklination gebildet wie auch der Pl. *čīld*.

4. Die übrigen Reste konsonantischer Deklination.

62. Hierunter finden sich Maskulina, Feminina und zwei Neutra (lat. *pēs* m., *nox* f., G. *pedis*, *noctis*).

	Mask.	Neutr.	Fem. kurz-		langsilbig
Sg. N.	*sĕ fōt*	*þæt scrūd*	*ealu*	*sīo, sēo hnutu*	*mūs*
G.	*þæs fōtes*	— *scrūdes*	*ealoþ þǣre hnute*		*mūse*
D.	*þǣm (þām) fēt*	— *scrȳd*	*ealoþ þǣre hnyte*		*mȳs*
A.	*þone fōt*	*þæt scrūd*	*ealu*	*þā hnutu*	*mūs*
I.	*þȳ fōte, fēt*				
Pl. N.	*þā fēt*	— *scrūd*	—	— *hnyte*	*mȳs*
G.	*þāra (þǣra) fōta*	— *scrūda*	*ealeþa*	— *hnuta*	*mūsa*
D.	*þǣm (þām) fōtum*	— *scrūdum* —		— *hnutum*	*mūsum*
A.	*þā fēt*	— *scrūd*	—	— *hnyte*	*mȳs*

Ne. *foot — feet, shroud, ale, nut, mouse — mice.*

1. Der umgelautete D. *fēt, hnyte, mȳs* < urg. **fōti, *Xnuti, *mūsi*; der gleichlautende Pl. < urg. **fōtiz, *Xnutiz, *mūsiz.*

2. G. *fōtes, scrūdes,* I. *fōte* nach der *a*-Deklination, nicht-umgelautete G. *hnute, mūse* nach der *ō*-Deklination (doch G. Sg. *bēč* neben späterem *bōce*), N. A. Pl. *scrūd* nach *wīf* (§ 53).

5. Substantivierte Participia Praesentis

63. Es sind in der Regel Maskulina (lat. *amāns* < **amānts,* G. *amantis,* zu Inf. *amāre*).

	Ein-	Zweisilbig
Sg. N.	*sě̆ f(r)ę̄ond* (§ 36, 2)	*āȝend* (zu Inf. *āȝan*)
G.	*þæs f(r)ēondes*	*āȝendes*
D.	*þǣm (þām) f(r)īend, f(r)ēonde*	*āȝende*
A.	*þone f(r)ēond*	*āȝend*
I.	*þȳ f(r)ēonde*	*āȝende*
Pl. N.	*þā f(r)īend, f(r)ēond, -as* (§ 31, 8)	*āȝend, -e, -as*
G.	*þāra (þǣra) f(r)ēonda*	*āȝendra*
D.	*þǣm (þām) f(r)ę̄ondum*	*āȝendum*
A.	*þā f(r)īend, f(r)ēond, -as*	*āȝend, -e, -as*

Ne. *f(r)iend, owner.*

1. G. D. (*f(r)ēonde*), I., N. A. Pl. (auf *-as*) nach der *a*-Deklination.

2. Die zweisilbigen richten sich im N. Pl. auf *-e*, G. auf *-ra* nach der Deklination der st. Adjektiva.

3. Die echten Part. Präs. gehen ae. nach der *ja*-Deklination.

II. Pronomina

1. Personalpronomen

64. 1. Ps.   2. Ps.   3. Ps. m.   n.   f.

Sg. N. *ič*	*þŭ*	*hĕ*	*hit*	*hīo, hēo*
G. *mīn*	*þīn*	*his*	*his*	*hi(e)re*
D. *mĕ* (§ 51,4)	*þĕ*	*him*	*him*	*hi(e)re*
A. *mĕ* (*mec*)	*þĕ* (*þec*)	*hi(e)ne*	*hit*	*hī(e)*

Pl. N. *wĕ*	*ʒĕ*	*hīe, hĭ*	
G. *ūre, ūser*	*īower, ēower*	*hi(e)ra, hiora,*	
		heora (§ 32, 3)	
D. *ŭs*	*īow, ēow*	*him*	
A. *ŭs* (*ūsič*)	*īow, ēow*	*hīe, hĭ*	
	(*ēowič*)		

Dual. N. *wit* < **wi-twō*[1]	*ʒit*	
G. *uncer*	*incer*	
D. *unc*	*inc*	
A. *unc(it)*	*inc(it)*	

Ne. (Sg.1. Ps.:) *I, mine, me* — (2. Ps.:) *thou, thine, thee* — (3. Ps.:) *he, his, him*; *it*; *she, her, her* – (Pl. 1. Ps.:) *we, our, us* — (2. Ps.:) *ye, your, you* — (3. Ps.:) —.

1. Im Spätws. treten folgende Formen mit *y* auf: *hyre, hȳ, hyra* für *hi(e)re, hī(e), hi(e)ra*, zu denen später weitere treten (§ 51, 5a).

2. Das Anglische weist viele Sonderbildungen auf.

Merc. *mic, þæc, wæ, ūr*; Sg. *heom, hinae*, f. G. *hirae*, A. *hīo hēo hīae*, Pl. *hīae hīo hēo hȳ(e), heara, heom*; — ndh. *ih, meh, þeh, ūsih* usw., *woe wæ, ūsra ūsiʒra, ūsiʒ, ʒi ʒīe ʒ(i)æ ʒee, īwer īurre īuerra īowera īowre, īoh īuh īuih īowih*; Sg. f. *hīu hīa*, G. *hirae*, G. D. *hir*, A. *hīa hīae hēa*, Pl. *hīa hēa hīae, hiara heara*.

Anmerkung: Das im Ae. (wie Afr. und As.) verloren-gegangene Reflexivpronomen (got. *seina, sis, sik*) wird

[1] Horn, Sprachkörper § 51.

durch die entsprechenden Formen des Personalpronomens
der 3. Ps. ersetzt.

2. Possessivpronomen

65. Es wird vom G. der Personalia gebildet und wie das
st. Adj. flektiert; doch tritt an Stelle des G. 3. Sg. *his*,
hi(e)re, Pl. *hi(e)ra* oft auch für alle Genera und Numeri das
reflexive *sīn*, das in der Poesie fast ausschließlich steht
(vgl. lat. *ēius : suus*).

1. *Mīn* 'mein', *þīn* 'dein', *sīn* 'sein' (*his* 'sein', *hire* 'ihr', Pl.
hi(e)ra 'ihr'), *ūre ūser* 'unser', *ēower*, ndh. *īower* 'euer', *uncer*
'unser beider', *incer* 'euer beider'.

2. Ws. *ūre* wird wie *zrēne* (§ 70, 1) flektiert (doch G. D. Sg.
f. *ūr(r)e*, G. Pl. *ūr(r)a*); poet. *ūser* hat im G. *ūsses*, D. *ūssum*
usw. (aber: A. *ūserne*) < *ūs(e)res*, *ūs(e)rum* nach Ausfall
des Mittelvokals (§ 49) gewöhnlich Assimilation von *sr > ss*
(§ 43), jedoch nicht im Ndh. (*ūsra*, *ūsera* usw. neben *r*-losen
N. *ūsa*, G. *ūses*, D. *ūsum* usw.). Doppel-*s* dringt auch in die
nicht synkopierten Kasus ein (*ūsser*, *ūsserne*, *ūsserra*).

3. Demonstrativpronomen

66. a) Das einfache *sē̆* m., *sīo*, *sēo* f., *þæt* n. in der meist
abgeschwächten Bedeutung des bestimmten Artikels (s.
beim Subst.).

1. Im Spätws. finden sich auch die Formen G. *þas*, *þāre*
þæra, A. *þæne þane*; *þǎn* (< *þām*, vgl. § 51, 2); sehr spät *þě*,
þěo für *sē̆*, *sēo*.

2. Im Kent. stehen neben den *æ̆*- die *ě*-Formen (§ 26, 1, 2):
þet, *þes*, *þěre*, *þěm*; wie oben auch *þas*, *þāre*, *þane*; ferner I.
þan, G. Pl. *þeara*.

3. Im Anglischen herrscht wieder Buntheit. Es erscheinen
folgende Sonderbildungen: merc. N. *þě*, *sīe sīo siu*, *þet*; G.
þes þas, *þere þāre -a*; D. *þere þāra*; A. *þane þæne þene*; Pl. G.
þeara þārae þæ̆rae; — ndh, N. m. *sæ þæ þě*, f. *sīo þīo þīu þȳ*;
G. f. *þær þæra -æ þāra þāre*; D. m. n. *þæ̆n þěm*, f. *þær þer*; A. m.
þon(ne) þæne þene, f. *þæ þīo þīu þȳ*.

4. Der I. *þȳ* und *þon* (*þan*) ist in allen Dialekten gleich. Die
letztere Form wird wie *hwon* (§ 68, 1) meist in adv. Formeln
wie *for þon* 'deshalb, weil', *æfter þon* 'danach', *ær þon* 'bevor'

und beim Komp. *þon mā* 'noch mehr' (vgl. Beow. V. 503 f.) gebraucht.

b) Das zusammengesetzte, das aus einfachem Demonstrativ + Partikel got. *sai* 'siehe, lat. *ecce*' > ae. *-s* besteht.

	m.	n.	f.
Sg. N.	*þĕs*	*þis*	*þīos, þēos* Pl. *þās*
G.	*þis(s)es*	— *þisse*	*þissa*
D.	*þis(s)um, þios(s)um*	— *þisse*	*þis(s)um,*
	(§ 32, 3)		*þios(s)um*
A.	*þisne*	*þis þās*	*þās*
I.	*þȳs, þīs*		

Ne. *this, these, those.* — Ae. f. *þisse*, Pl. *þissa* <**þisre*, **þisra* (§ 43). G. *þisses* ist doppelt flektiert, danach D. *þissum*, A. *þisne*.

1. Im Frühws. erscheinen daneben noch folgende Formen mit *y*: *þys(s)es, þys(s)um, þysne*, zu denen im Spätws. weitere treten (§ 51, 5a).

2. Das Anglische hat viele Sonderbildungen. Merc. m. A. *þeþsne*, Pl. D. *þeossum*; — ndh. m. *þæs, þæsses, þassum, þiosne*, I. *þisse*, f. G. *þisser þasse*, D. *þisser þæsser þasser*, A. *þios þasse*, Pl. G. *þisra þassa*, D. *þassum*.

4. Relativpronomen

67. Es tritt ae. in dreifacher Form auf: 1. als Demonstrativ *sē, sēo, þæt*, 2. als *sē, sēo, þæt* + *þe*, 3. als das flexionslose *þe* allein (s. Horn, Sprachkörper § 64 ff.).

5. Interrogativpronomen

68. Es besteht im Wg. nur das Mask. und Neutr. Sg.

	m. f.	n.
N.	*hwā̆*	*hwæt* (lat. *quod*)
G.	*hwæs*	—
D.	*hwǣm (hwām)*	—
A.	*hwone (hwæne)*	*hwæt*
I.	—	*hwȳ, hwī*

Ne. *who, whom, what, why.*

1. Ein weiterer I. ist *hwon (hwan)* in adv. Formeln (*tō hwon* 'wozu', *for hwon* 'warum') und *hū* 'wie' (ne. *how*) in rein adv. Bedeutung.

2. Wie *hwā* werden ʒ*e-hwā* 'jeder' und *ǣʒ-hwā* (< *ā* 'immer' + ʒ*ihwā*, ahd. *ēo-gihwer*) 'jeder' flektiert (G. ʒ*ehwǣs*, D. ʒ*ehwǣm* usw., auch f.), später daneben f. ʒ*ehwǣre, ʒehwāre*.

3. *hwǣt + G.* = 'was für ein' (*hwǣt manna* G. Pl.).

4. Nach der st. Adj.-Deklination gehen *hwǣþer hweþer* (got. *hwaþar*: ahd. *hwedar*) 'welcher von beiden' (ne. *whether*) und *hwelč hwilč hwylč* (§ 44, I c) 'welcher'.

6. Indefinitpronomen

68a. Es wird meist durch Zusammensetzung gebildet und in der Regel wie das st. Adj. flektiert.

Ae. (*e*)*all* (§ 29, 1 c) 'alles' (ne. *all*); *sum* 'irgendein' (ne. *some*); *ǣniʒ* '(irgend)ein' (ne. *any*) zu *ān* (s. Horn, 'Archiv' 142, S. 128f.); *nǣniʒ, nān* (< *ne + ǣniʒ, ān*) 'kein' (ne. *none*); *swelč swilč swylč* (§ 44, I c) 'solcher' (ne. *such*); (*n*)*ā-wuht* (*n*)*ōwuht,* (*n*)*āwiht* (*n*)*ōwiht,* (*n*)*auht* (*n*)*āht* (*n*)*ōht* 'nicht(s)', 'etwas' (ne. (*n*)*aught, nought, not*), s. Horn, Sprachkörper §§ 63, 86 und „Palaestra" Bd. 147, S. 1 ff.; ʒ*ehwilč* usw. (§ 44, I c), *ǣʒhwilč* (< *ā¹*) 'immer' + ʒ*ihwilč*), *ǣlč* (< *ǣ*(ʒ*ihwi*)*lč* gekürzt) 'jeder' (ne. *each*); ʒ*ehwǣþer, ǣʒhwǣþer* kollektiv (< *ā* + ʒ*ihwǣþer*), *ǣʒþer* (< *ǣʒ*(*hwǣ*)*þer* gekürzt) 'jeder von beiden' (ne. *either*); (*n*)*ā-* (*n*)*ōhwǣþer* distributiv, (*n*)*āwþer* (*n*)*ōwþer,* (*n*)*auþer* (*n*)*āþer* 'keiner von beiden', 'irgendeiner (von beiden)' (me. *outher*, ne. –); *nāthwā* (§ 68), *nāthwelč* (§ 68, 4) < *ne wāt* = 'ich weiß nicht wer, welcher' = 'irgendein'; *āhwǎ, āhwelč, āhwǣt* usw. 'irgendwer', 'irgendwas'; *swā hwǣþer* (*hwā, hwelč* usw.) *swā*, mit Kontraktion *swǣþer swaþer* 'wer auch immer' (s. Horn, Sprachkörper § 60); *lōc*(*a*)*hwā, lōc*(*a*)*hwǣt* usw. 'wer, was auch immer' (me. *looke who* usw., ne. dial. *choose-who, -what* usw.), s. Horn, Sprachkörper § 61 und Lotspeich, JEGPh. 37, S. 1; *hwelč-, hwǣth*(*w*)*uʒu* unflekt. 'irgend welcher', 'irgend etwas' (s. Horn, Sprachkörper S. 82).

---

[1]) Das verstärkende ae. *ā*, das got. *aiw* 'immer' entspricht, wurde durch das folgende *i* von ʒ*i-* zu *ǣ* umgelautet (§ 31, 2).

III. Adjektiva

69. Im Indogermanischen (Griech., Lat.) wurden die Adjektiva wie die Substantiva dekliniert, es gab also auch bei ihnen eine vokalische und eine konsonantische Deklination. Im Germ. lebt nur die erstere fort, im Wg. (Ae.) schließlich nur noch deren *a*-Deklination (lat. *bonus, bonum* < *bonos, bonom*) und *ō*-Deklination (lat. *bona* < *bonā*) neben einigen Resten von *i*- (lat. *dulcis*) und *u*-Stämmen (angl. *cwic(u)*, ws. *cwucu, cucu*, zu lat. *vīvus*, ne. *quick*). Das Germ. hat im Formenbau des Adj. gegenüber dem Idg. zwei Neuerungen durchgeführt: 1. Die Unterscheidung in die 'starke' und die 'schwache' (*n*-)Deklination. — Das schwach deklinierte Adj. steht im Ae. (wie im Nhd.) besonders in Verbindung mit dem bestimmten Artikel sowie dem Demonstrativ- und Possessivpronomen; auch das substantivierte Adj. geht nach der *n*-Deklination. 2. Den Wechsel von pronominaler und nominaler Flexion beim st. Adj. — Schon im Lat. nahmen gewisse Adjektive, die den Pronomen nahestanden, deren G.- und D.-Endung an (vgl. *ūnus, sōlus, tōtus, ullus* usw., G. *ūnīus, sōlīus*, D. *ūnī, sōlī* nach *illīus, illī* usw.).

1. Starke (*a*-, *ō*-)Deklination

70. Die Pronominalendungen sind fett gedruckt

	m.	n.	f.
Sg. N.	ʒōd cyninʒ	ʒlæd wīf	hāliʒu, -o bōc
G.	ʒōdes cyninʒes	ʒlades (§ 26, 1) wīfes	hāliʒ **re** bēč, bōce
	(§ 49)		(§ 62, 2)
D.	ʒōd **um** cyninʒe	ʒlad**um** wīfe	hāliʒ**re** bēč
A.	ʒōd**ne** cyninʒ	ʒlæd wīf	hālʒe (§ 49) bōc
I.	ʒ ōde cyninʒe	ʒlade wīfe	—
Pl. N.	ʒōd**e** cyninʒas	ʒladu, -o wīf	hālʒa, -e bēč
G.	ʒōd**ra** cyninʒa	ʒlæd**ra** wīfa	hāliʒ**ra** bōca
D.	ʒōdum cyninʒum	ʒladum wīfum	hālʒum bōcum
A.	ʒōd**e** cyninʒas	ʒladu, -o wīf	hālʒa, -e bēč

Ne. *good king, glad wife, holy book.*

Wie beim Subst. gibt es auch beim Adj. 1. *ja-*, *jō-* und 2. *wa-*, *wō-*Stämme.

1. Die ursprünglich kurzsilbigen flektieren wie die langsilbigen *a*-Stämme (*ʒōd*), z. B. *mid(d)* (ne. *mid*) < urg. **miđjaz* (lat. *medius*). — Die langsilbigen unterscheiden sich von diesen durch die Endung *-e* im N. Sg. m. und N. A. Sg. n. (z. B. urg. Sg. m. **grōniaz* [vgl. § 54, 1], n. **grōnian* > ae. *ʒrēne*, ne. *green*) und gehen im N. A. Pl. n. und N. Sg. f. auf *-u* aus (urg. **grōniō* > **grōniu* > ae. *ʒrēnu, -o*).

So flektieren auch alle Participia Praesentis, etwa *ʒiſende* (ne. *giving*), doch sind sie bei prädikativem Gebrauch oft unflektiert (Beow. V. 372: *Ic hine cūđe cnihtwesende* für *-wesendne*).

2. Bei den *wa-*, *wō-*Stämmen wechselt *w* mit *u*, und zwar wird *w* im Auslaut nach Konsonant zu *-u*, später *-o* (§ 45), vor konsonantischer Endung zu *-o*.

	m.	n.	f.
Sg. N.	*ʒeolu, -o* (§ 32, 2)	*ʒeolu, -o*	*ʒeolu, -o*
G.	*ʒeolwes*	*ʒeolwes*	*ʒeolore*
D.	*ʒeolwum*	*ʒeolwum*	*ʒeolore*
A.	*ʒeolone*	*ʒeolu, -o*	*ʒeolwe*
I.	*ʒeolwe*	*ʒeolwe*	—
Pl. N.	*ʒeolwe*	*ʒeolu, -o*	*ʒeolwa, -e*
G.	*ʒeolora*	*ʒeolora*	*ʒeolora*
D.	*ʒeolwum*	*ʒeolwum*	*ʒeolwum*
A.	*ʒeolwe*	*ʒeolu, -o*	*ʒeolwa, -e*

Ne. *yellow*. — Urg. m. **gelwaz*, n. **gelwan* > ae. *ʒeolu*, ahd. *gelo*, G. *gelwes* (§ 44, Ia).

2. Schwache (*n*-)Deklination

71.   m.   n.

Sg. N. *sĕ ʒōda (eorl)*   *mīn ʒōde hors*
    G. *þǣs ʒōdan (eorles)*   *mīnes ʒōdan horses*
    D. *þǣm (þǣm) ʒōdan (eorle)*   *mīnum ʒōdan horse*
    A. *þone ʒōdan (eorl)*   *mīn ʒōde hors*

Pl. N. *þā ʒōdan (eorlas)*   *mīn ʒōdan hors*
    G.*þāra(þǣra)ʒōdra,-ena(eorla)* *mīnra ʒōdra,-ena horsa*
    D. *þǣm (þǣm) ʒōdum (eorlum)* *mīnum ʒōdum horsum*
    A. *þā ʒōdan (eorlas)*   *mīn ʒōdan hors*

f.

Sg. N. *þīos, þēos ʒōde ǣx*
    G. *þisse ʒōdan ǣxe*
    D. *þisse ʒōdan ǣxe*
    A. *þǣs ʒōdan ǣxe*

Pl. N. *þǣs ʒōdan ǣxa, -e*
    G. *þissa ʒōdra ǣxa*
    D. *þis(s)um ʒōdum ǣxum*
    A. *þǣs ʒōdan ǣxa, -e*

Ne. *the good earl, my good horse, this good axe.* — Das
schwache Adj. flektiert wie das schwache Subst. (§ 59),
nur hat der G. Pl. gewöhnlich die Endung *-ra* des st. Adj.

Die Participia Praeteriti flektieren stark und schwach
wie gewöhnliche Adjektiva (Beowulf Vers 205: *Hæfde sĕ
ʒōda cempan ʒecorone*), doch sind sie in prädikativer Verwendung meist schon endungslos (Beow. V. 3139: *Him
ðā ʒeʒiredan .. ād .. unwāclīcne, helm(um) behonʒen*).

3. Steigerung

72. a) Die aus dem Idg. ererbte Steigerung des Urg. auf
-izan- im Komp. und *-ista(n)-* im Sup. (vgl. Lat.) lebt im

Ae. nur noch in wenigen Adjektiven in der Endung -*ra*
und -*est* fort unter Bewirkung von Umlaut der Stammsilbe, z.B. ws. *eald, ieldra, ieldest* (§ 31, 7); *lanȝ, lenȝra,
lenȝest*; *stranȝ, strenȝra, strenȝest*; ws. *hēah* (§ 35), *hīehra
hīerra* (§ 43) (neben *hēahra hēarra*), *hīehst* (got. *hauhs,
hauhiza, hauhists*); ne. *old, long, strong, high*.

b) Die im Germ. neugebildete Steigerung auf -*ōzan*-
und -*ōsta(n)* (urg. *armaz, *armōzan-, **armōsta(n)*-) hat
die im Ae. übliche auf -*ra* und -*ost* (auch -*ast*, -*ust* nach
§ 51, 3³) ergeben: *earm* 'arm', *earmra, earmost*; *ȝlǣd,
ȝlǣdra, ȝladost* (§ 26, 1); *hāliȝ, hāliȝra, hāliȝost*; *fæȝer,
fæȝerra, fæȝerost* usw. (ne. *glad, holy, fair*). Komp. und
Sup. flektieren nach der *n*-Deklination, doch steht neben
dem Sup. *earmosta* auch der stark deklinierte N. A. Sg.
n. *earmost*.

c) Unregelmäßige (suppletive) Steigerung haben
(wie lat. *bonus, melior, optimus*):

⟋*bet(e)ra*	*bettra* (§ 41)	*bet(e)st(a)*
ȝōd		
⟍*sēlra*	*sēlla* (§ 43)	*sēlest(a)*
yfel	*wyrsa*	*wyrrest(a) wyrsta*
miċel	*māra*	*mǣst(a)*, ndh. *māst(a)*
lȳtel	*lǣssa*	*lǣst(a)*, ndh. *lǣsest(a)*.

Ne. *good, better, best; evil, worse, worst; much, more, most;
little, less, least*.

4. Bildung von Adverbien

73. a) Die gewöhnliche Bildung von Adverbien aus
Adjektiven geschieht ae. durch Anhängung des Suf-
fixes -*e*, ursprünglich -*æ* (lat. *doctē* : *doctus*): *wīd —
wīde*; *nearu*, -*o* — *nearwe*; *frēondlīċ* — *frēondlīċe* (ne.
widely, narrowly, friendly). Das Suffix -*līċe* tritt dann
auch an Adjektiva, die ursprünglich nicht auf -*līċ*

enden: *hearde* Adv. — *heardlīče* (ne. Adv. *hard, hardly*);
eornost Adv. — *eornostlīče* (ne. Adj. *earnest*, Adv.
earnestly) und greift im Laufe des Ae. immer weiter
um sich.

Der Komp. und Sup. der Adverbia auf *-e* wird durch
endungslose Formen auf *-or* und *-ost* gebildet: *wīde* (ne.
widely) — *wīdor* — *wīdost.*

b) Das Adv. zu *ʒōd* ist *wel*, Komp. *bet* < urg. **batiz*
(vgl. lat. *magis*); Adv. zu Komp. *sēlra, wyrsa, māra, lǣssa*
ist *sēl, wyrs, mā mǣ, lǣs.*

c) Einige Adverbia haben das Suffix *-a* (lat. *rūrō:*
rārus): *sōna* (ne. *soon*), *tela* 'geziemend', *sinʒala* 'immer'.

d) Auch Kasusformen von Adjektiven und Substan-
tiven dienen häufig als Adverbia: A. *ʒenōʒ* (ne. *enough*),
full 'voll, sehr', *ealne weʒ* (ne. *always*); G. *sinʒales, (e)alles*
'ganz, durchaus', *n-(e)alles* 'durchaus nicht', *micles* 'sehr'
(zu *mičel* 'groß'), *dæʒes* 'tags', danach *nihtes* 'nachts';
G. Pl. *iāra*, ws. *ʒ(e)āra* 'einst' (ne. *of yore*), D. Pl. *hwīlum*
(ne. *whilom*).

IV. Zahlwörter

74. a) Die Kardinalzahlen lauten: 1 *ān*; 2 *twēʒen* m.,
tū twā n., *twā* f.; 3 *þrī(e)* m., *þrīo þrēo* n. f.; 4 *fēower*; 5 *fīf*;
6 ws. *si(e)x*, angl. *sex*; 7 *siofon seofon*; 8 *e(a)hta* (§ 35, 2),
æhta (§ 35, 1); 9 *niʒon*; 10 ws. *tīen tȳn*, angl. *tēn*; 11 *en(d)-*
le(o)fan ellefan; 12 *twelf*; 13 *þrēotȳne þrītēne* usw.; 20 *twěn-*
tiʒ; 21 *ān and twěntiʒ* usw.; 30 *þrītiʒ* usw.; 70 *(hund)seofon-*
tiʒ usw.; 100 *hun(d)tēontiʒ* neben *hund* (§ 21, 5), *hundred* n.
(wörtlich 'Hundertzahl'; *-red* zu got. *raþjō*, lat. *ratiō*);
110 *hundendle(o)f(an)tiʒ*; 120 *hundtwelftiʒ*, daneben später
hundtwentiʒ (idg. Dezimal- + babylon. Duodezimalsy-
stem[1]); 130 *hund and þrītiʒ* usw.; 200 *tū hund* usw.;
1000 *þūsend* n.

1. Wie schon idg. und urg. werden die Zahlen 1—3 im

---

[1] H. Hirt, Indogermanica, Halle 1940, S. 249—259.

Ae. dreigeschlechtig dekliniert: 1 *ān* geht wie st. *ʒōd* (§ 70)
bis auf A. *ǣnne*, I. *ǣne*; 2 G. *twēʒ(e)a twēʒra*, D. *twǣm*
twām; 3 G. *þrīora þrēora*, D. *þrĭm*.

2. Die Zahlen 4—19 bleiben in attributiver Stellung
gewöhnlich unflektiert, alleinstehend oder nach dem
Subst. flektieren sie nach der *i*-Deklination (§ 57): Beowulf Vers 545: *fīf nihta fyrst*; Vers 420: *ĭč fīfe ʒeband*;
Vers 575: *ĭč... ofslōh niceras niʒene*.

3. Die Zehner auf *-tiʒ* (= got. *tigus* 'Dekade, Zehner')
können substantivisch (mit dem G. verbunden) und ad-
jektivisch gebraucht werden, subst. G. *-tiʒes*, adj. G.
-tiʒra -tiʒa, D. *-tiʒum* oder unflektiert.

4. Die subst. *hund* n. und *þūsend* n. sind meist indekli-
nabel (mit folgendem G.).

b) Die Ordinalzahlen sind: 1. *forma formest(a)*,
ǣrest(a) (sw. dekl.); 2. *ōþer* (st. Adj.), *ǣfterra* (Komp. zu
ǣfter). — Die übrigen werden aus den Kardinalzahlen gebildet und wie schwache Adjektiva flektiert: 3. *þridda*,
4. *fēo(we)rþa* (ae. *-þa* > ne. *-th* = lat. *-tus*, gr. *-tos*), 5.
fīfta, 6. *si(e)xta sexta*, 7. ws. *sio-, seofoþa*, angl. *siofunda*,
8. *eahtoþa, -eþa, ǣht-*, 9. *niʒoþa, -eþa*, 10. ws. *tēoþa*, angl.
te(o)ʒ(e)þa, 13. *þrēotēoþa, -te(o)ʒ(e)þa*, 20. *twentiʒ(o)þa* usw.

V. Verba

75. Die starken (ablautenden) Verben

Der aus dem Idg. ererbte ,,Ablaut'', ein von Jacob
Grimm geprägter Ausdruck, stellt einen regelmäßigen
Wechsel bestimmter Vokale in etymologisch zusammen-
gehörigen Wortteilen dar. Er hat im Germ. die Funktion
übernommen, auf dem Gebiet der Wort- und Formen-
bildung verschiedene Bedeutungen klarer zum Ausdruck
zu bringen. Der Ablaut ist also keineswegs nur auf das
st. Verbum beschränkt, wenn er hier auch am deutlich-
sten in Erscheinung tritt.

Nhd. *binde, Binde — band, Band — ge-bunden, Bund*; *bim-bambum, stripstrapstrull*; ahd. *beran* 'tragen' — *barn* 'Kind' — *gi-burt* 'Geburt'; ae. *beran — bearn* nach § 29, 1 b — *ʒe-byrd* nach § 31, 5.

Er wirkt sowohl in Wurzel- als auch in Ableitungs- silben (Suffixablaut).

Gr. λύχε : λύχος, got. G. Sg. *wulfis* : D. Pl. *wulfam*; ae. *cyninʒ* : aisl. *konungr*.

Hervorgerufen wurde der Ablaut durch den Akzent. Der musikalische Akzent ("Ton") hat im Prät. Sg. des st. Verbums die Abtönung von idg. *e* zu *o* bewirkt (qualita- tiver Ablaut), der dynamische Akzent ("Druck") im Prät. Pl. und P. P. die Abstufung, d. i. Verlust des *e* bzw. Dehnung des idg. *e* zu *ē*, bei Klasse VI von *a, o* zu *ā, ō* (quantitativer Ablaut). Man unterscheidet daher bei den Ablautreihen die:

Normalstufe	*Schwundstufe*	*Dehnstufe*
idg. *ĕ — ŏ* (Kl. I—V)	—	*ē — ō*
idg. *ă — ŏ* (Kl. VI)	—	*ā — ō*

So lassen sich die ae. st. (abl.) Verben wie in den anderen germ. Sprachen in sechs Klassen einteilen, von denen die ersten fünf auf dem idg. Ablaut *ĕ : ŏ* (lat. *tegō, legō : toga, logos*) vom Inf.: 1., 3. Sg. Prät. beruhen, während der sechsten Klasse der quantitative idg. Ablaut *a : ā* (*o : ō*) zugrunde liegt (lat. *stāre : status, stătim*). — Für die Konjugation eines st. Verbs sind vier Stammformen nötig: 1. der Inf. (danach Bildung des Präs.), 2. die 1., 3. Sg. Prät., 3. die 1. Pl. Prät. (danach das übrige Prät. und der Opt. Prät.), 4. das P. P.

Die ae. Ablautreihen leiten sich aus den idg. und germ. her, wobei die starke Vokalveränderung des Ae. (vgl. § 27) zu berücksichtigen ist.

Klasse I (idg. *ei : oi : ĭ : ĭ* > urg. *ī : ai : ĭ : ĭ* > ae. *ī : ā : ĭ : ĭ*).

    ae. *rīdan — rād — rĭdon — (ȝe)rĭden*
    ne. *ride   rode   ridden*

So geht auch das kontrahierte Verb *þēon* (§ 22, 3) — *þāh* — *þ͜ȝon* (S. 47) — *ȝeþĭȝen*. In *ārīsan* — *ārās* — *ārĭson* — *ārĭsen* (ne. *arise, arose, arisen*) ist der grammatische Wechsel (S. 47) schon beseitigt.

Klasse II (idg. *eu* : *ou* : *ŭ* : *ŭ* > urg. *eu/iu* : *au* : *ŭ* : *ŭ* > ae. *ēo* : *ēa* : *ŭ* : *ŏ*, vgl. § 22,2).

      ae. *frēosan — frēas — frŭron — (ȝe)frŏren*
      ne. *freeze   froze   frozen*

So geht auch das Verb. contr. ws. *flēon*, angl. *flēan* (§ 36,1,2) — *flēah flēh* (§ 35,1) — *flŭȝon* (S. 47) — (ȝe)*flŏȝen* (ne. *flee, fled*).

Einige hierhergehörige Verba haben im Präs. den Vokal *ū* : Ae. *bū͜ȝan* — ws. *bēaȝ*, angl. *bēȝ* — *bŭȝon* — (ȝe)*bŏȝen* (ne. *bow, bowed*).

Klasse III umfaßt in der Hauptsache die Verba auf Nasal oder Liquida + Konsonant (idg. *en* : *on* : *n̥* : *n̥* > urg. *in* (§ 22,1) : *an* : *un* (§ 21,5) : *un* > ae. *in* : *an* : *un* : *un*).

      ae. *bindan — band — bundon — (ȝe)bunden*
      ne. *bind   bound   bound*
      ae. *helpan — h(e)alp* (§ 29,1 c) — *hulpon* (§ 22, 2) — (ȝe)-
      ne. *help   helped   * [holpen

Einige hierhergehörige Verba haben im Innern eine andere Konsonantenverbindung: Ws. *feohtan* (§ 29,1 a), angl. *fehtan* (§ 35,1) — ws. *feaht*, angl. *fæht — fuhton —* (ȝe)- *fohten* (ne. *fight, fought, fought*); ae. *friȝnan* 'fragen' (auch *frīnan* nach Kl. I) — *fræȝn — fruȝnon — ȝefruȝnen*.

Klasse IV umfaßt die Verba auf einfachen Nasal oder Liquiden (idg. *er* : *or* : *ēr* : *r̥* > urg. *er* : *ar* : *ǣr* (§ 21,2) : *ur* (§ 21,5) > ae. *er* : *ær* : *ǣr, ēr* (§ 21,2) : *or* (§ 22,2)).

ae. *beran — bær — bǣron, bēron — (ʒe)bŏren*
    stelan — stæl — stǣlon, stēlon — (ʒe)stŏlen
ne. *bear, steal bore, stole born(e), stolen*

Besonderheiten zeigen: *niman* 'nehmen' — *nōm* (nach dem Pl.) — *nōmon* (§ 28, 2) (später auch ws. *nam, nāmon*) — *(ʒe)numen*; *cuman* — *c(w)ōm* — *c(w)ōmon* — *(ʒe)cumen* (ne. *come, came, come*).

Klasse V umfaßt die Verba auf einfachen Konsonanten, ausgenommen Liquida oder Nasal (idg. *e* : *o* : *ē* : *ĕ* > urg. *e* : *a* : *ǣ* : *e* > ae. *ĕ* : *ǣ* : *ǣ*, *ē* : *ĕ*).

    ae. *wesan — wæs — wǣron, wĕron* (S. 47) — *(ʒe)wesen*
    ne. *(be) was   were   *nhd. *gewesen*

Hierher gehören auch: Ws. *ʒi(e)fan*, angl. *ʒefan* (§ 30, 1) — ws. *ʒeaf*, angl. *ʒæf* — ws. *ʒẹafon*, angl. *ʒēfon* — ws. *ʒiefen*, angl. *ʒefen* (ne. *give, gave, given*); *etan* — ws. *ǣt*, angl. *ẹt* (mit Länge zu lat. *ēdī*) — ws. *ǣton*, angl. *ẹton* — *(ʒe)eten* (ne. *eat, ate, eaten*); Verb. contr. ws. *sẹon*, angl. *sēan* (§ 36) — ws. *sẹah*, angl. *sæh* — ws. *sāwon, sǣʒon*, angl. *sẹʒon* — ws. *(ʒe)sewen, (ʒe)sawen*, angl. *(ʒe)seʒen* (ne. *see, saw, seen*); *sittan* (< urg. **sitjan(an)*, § 25, 3) — *sæt* — ws. *sǣton*, angl. *sẹton* — *(ʒe)seten* (ne. *sit, sat, sat*); *brecan* hat P. P. *brŏcen* nach Kl. IV (ne. *break, broke, broken*).

Klasse VI (idg. *a* : *ā* : *ā* : *a* (*o* : *ō* : *ō* : *o*) > urg. *a* : *ō* : *ō* : *a* > ae. *a* : *ō* : *ō* : *a*).

    ae. *sc(e)acan* (§ 30, 2) — *sc(e)ōc — sc(e)ōcon — (ʒe)sc(e)acen*
    ne. *shake   shook   shaken*

Hierher gehören auch: *standan — stōd — stōdon — (ʒe)-standen* (mit *n* vom Präs.; ne. *stand, stood stood*); *slẹan* (§ 36, 1) — *slōʒ slōh* (§ 40) — *slōʒon — slaʒen slæʒen sleʒen* (ne. *slay, slew, slain*); *hebban* 'heben' — *hōf — hōfon — hafen hæfen* (lat. *capiō* 'ergreife', urg. **χaƀiō* > ae. *hebbu*

> *ic hebbe*); <u>*swerian*</u> (< **swarjan*) — *swōr* — *swōron* — (*ʒe*)-
swŏren mit *ŏ* nach Kl. IV (ne. *swear, swore, sworn*).

76. Die (ursprünglich) reduplizierenden Verben

Die im Gotischen noch gut erkennbare Reduplikation
(got. *haitan, haíhait, haíhaitum, haitans* 'heißen', *lētan,
laílōt, laílōtum, lētans* 'lassen') ist im Ae. wie in den anderen
germ. Sprachen nicht mehr bewahrt bis auf die fünf angl.
Präteritalformen *heht, reord, leolc, leort* und (*on*)*dreord*
(got. *haíhait, raírōþ, laílaik, laílōt*) zum Inf. <u>*hātan*</u> 'heißen',
<u>*rǣdan*</u>, angl. <u>*rēdan*</u> 'raten', <u>*lācan*</u> 'springen', <u>*lǣtan*</u>, angl.
lētan 'lassen' und (*on*)<u>*drǣdan*</u>, angl. *-drēdan* 'fürchten'
(got. *haitan, ga-rēdan, laikan, lētan*). Die hierhergehörigen
Verben lassen sich in zwei Klassen einteilen (nhd. Prät.
-ie-):

Klasse I mit <u>Vokal</u> *ē* (*e*) im Prät.: *hātan* 'heißen' — *hēt*
(angl. *hĕht*) — *hēton* — *hāten*; ebenso ws. <u>*lǣtan*</u>, angl. *lētan*
(ne. *let*); <u>*slǣpan*</u>, angl. *slēpan* (ne. *sleep*); Verb. contr. <u>*fōn*</u>
(§ 36,1) — *fĕnʒ* — *fĕnʒon* — (*ʒe*)*fanʒen*; usw.

Klasse II mit <u>*ēo*</u> im Prät.: ws. <u>*healdan*</u>, angl. *haldan*
— *hēold* — *hēoldon* — ws. (*ʒe*)*healden*, angl. (*ʒe*)*halden* (ne.
hold, held, held); ebenso gehen <u>*f(e)allan*</u>, <u>*hĕawan*</u>, <u>*hlĕapan*</u>,
<u>*cnāwan*</u>, <u>*crāwan*</u>, <u>*sāwan*</u>, <u>*þrāwan*</u>, <u>*blōwan*</u>, <u>*ʒrōwan*</u> usw. (ne.
fall, hew, leap, know, crow, sow, throw, blow, grow).

76 a. Die ae. Verbalendungen

Präs. 1. Sg.: idg. **bhendh-ō, *bher-ō* > ur-ae. *bindu,
beru* > angl. *ič bindu, beru, -o*, ws. kent. *ič binde, bere*[1]).
Präs. 2. Sg.: idg. **bhendh-esi, *bher-esi* > ur-ae. *bindis, biris* > angl. *þū bindes(t), beres(t)*, ws. kent. *þū bintst,
bir(e)st*.

---

[1]) Über die nicht lautgesetzliche Bewahrung von *-u* nach langer Stammsilbe (§ 48, 2) und frühe Abschwächung zu *-e* vgl. W. Horn, Sprachkörper
und Sprachfunktion, Leipzig 1923² („Palaestra" Bd. 135), §§ 19, 20.

Das -*t* rührt bei ae. (germ.) freier Wortstellung vom nachgestellten *þū* her: *bindis þū* > *bindestū* wird aufgelöst > *bindest þū* nach dem Muster von *wāstū* neben *þū wāst* (§ 78). Im Ws. Kent. trat Kürzung bei nachfolgendem Pronomen ein, da dieses die Person deutlich kennzeichnete (*bind*(*e*)*st þū* > *bintst þū*), doch erfahren die Verba auf *r, l, m, n* in der Regel keine Synkope des *e* (*birest, fremeþ* usw.), vgl. § 50.

Das Anglische hebt sich von den südlichen Mundarten deutlich durch Vermeidung der Synkope und Zurückdrängung des *i*-Umlauts (bzw. *i* für *e*) in der 2. 3. Sg. ab[1]) (außer bei den Verba contracta und den Verben auf -*mi*).

Präs. 3. Sg.: idg. **bhendh-eti, *bher-eti* > ur-ae. *bindiþ, biriþ* > angl. *hē bindeþ, bereþ*, ws. kent. *hē bint, bir*(*e*)*þ*.

Im Ws. Kent. ergaben nach Ausfall des *e* in *bind*(*e*)*þ* bei nachfolgendem Pronomen der sth. Verschlußlaut *d* + stl. Reibelaut *þ* = stl. Verschlußlaut *t* (so auch *hē fint, bit*(*t*), *bīt*(*t*), *sent* usw. zu Inf. *findan, biddan, bīdan, sendan*).

Im Ndh. greift das -*s* der 2. Sg. *þū bindes* auf die anderen Präs.-Formen über, so daß 3. Sg. *hē bindes*, Pl. *wē, ʒē, hīe bindas* neben *hē bindeþ, wē .. bindaþ* erscheint[2]).

Präs. 1. Pl.: idg. **bhendh-omes, *bher-omes* > ae. — .

Präs. 2. Pl.: idg. **bhendh-et*(*h*)*e, *bher-et*(*h*)*e* > ae. — .

Präs. 3. Pl.: idg. **bhendh-onti, *bher-onti* > ae. *wē, ʒē, hīe bindaþ, beraþ* (§ 28,1).

Im Ae. (wie auch im As. und Afr., aber nicht im Got., Ahd. und Aisl.) trat hier und im Prät. sowie im Opt. Pl. Präs. und Prät. Zusammenfall aller drei Personen unter 3. Pl. ein, da die Personalpronomina ständige Begleiter des Verbums geworden waren (vgl. S. 78[1]).

---

[1]) So ausnahmslos im „Beowulf".
[2]) Horn, § 23; E. Holmqvist, On the history of the English present inflections, particularly -*th* and -*s*, Heidelberg 1922.

Über ndh. Pl. *wē* .. *bindas* s. unter Präs. 3. Sg.

1. 2. Pl.-Endung: Sie hat bei nachfolgendem Pers.-Pron. *wē*, *ʒē*, Dual. *wit*, *ʒit* besonders starke Abschwächung zu -*e* erfahren: Präs. Ind. *wē*, *ʒē bindaþ* : *binde wē*, *ʒē*[1]); Präs. Opt. *wē*, *ʒē binden* : *binde wē*, *ʒē*; Adhortativ *binde wē*; Imp. *binde ʒē*; Prät. Ind. *wē*, *ʒē bundon* : *bunde wē*, *ʒē*; Prät. Opt. *wē*, *ʒē bunden* : *bunde wē*, *ʒē*.

Im Anglischen ist die Endung -*aþ* (+ *wē*, *ʒē*) gewöhnlich nicht gekürzt worden.

3. Pl. *bindaþ hīe* usw. hat keine Abschwächung erfahren, da für das Pron. häufig ein Subst. eintrat, die Verbindung also lockerer war.

Opt. Präs. Sg.: idg. 1. **bhendh-oim*, 2. **-ois*, 3. **-oit* > germ. **-ai(n)*, **-ais* **aiz* (§ 48,1), **-ait* > ur-ae. *bindæ* (§ 48,4) > ae. *ič*, *þū*, *hē binde*.

Opt. Präs. Pl.: idg. 1. **bhendh-oimē*, 2. **-oite* > ae. – .
Idg. 3. **bhendh-oint* > germ. **bindain* > ur-ae. *bindæn* > ae. *wē*, *ʒē*, *hīe binden*.

Im Ndh. (teilweise auch merc.) schwindet das -*n* (*ič*, *wē* .. *binde*, -*æ*, -*a*).

Imp. 2. Sg.: idg. **bhendh-e*, **bher-e* > ae. *bind*, *ber* (§ 48,2).

In den kurzsilbigen Verben auf -*jan* bleibt nach § 48,2 -*i* erhalten und wird später zu -*e* gesenkt: ae. *bide*, *freme*, got. *bidei*, **framei* (*ei* = *ī*) zum Inf. ae. *biddan*, *fremman*, got. *bidjan*, **framjan* (§ 25,3).

Imp. 1. Pl.: Statt der adhortativen Form *bindan* verwenden das Ae. und As. meist die Opt. Pl.-Form *binden*.

Imp. 2. Pl. = Ind. Pl. *bindaþ*, *beraþ*.

Inf.: idg. **bhendh-onom*, **bher-onom* > ae. *bindan*, *beran*.

---

[1]) Ein ahd. Seitenstück bei Tatian *uuir nememês* 'wir nehmen': *nemen uuir* 'nehmen wir' (W. Horn, ,,Die Neueren Sprachen'', Beiheft 32, 1939, S. 4).

Im Ndh. fällt ausl. -*n* ab (wie auch bei der subst. *n*-Dekl., im Opt. Pl. Präs. und Prät.).

Neben diesem unflekt. Inf., der ein erstarrter N. A. eines idg. n. Verbalnomens ist ('das Binden, Tragen'), steht im Ae. (wie auch im As., Ahd., jedoch nicht im Aisl.. Got.) nach *tō* im D. Sg. der als nja.-Stamm (§ 54,1)"flektierte Infinitiv", eine Art Gerundium: *tō bindenne* neben jüngerem *tō bindanne* (nach *bindan*).

Part. Präs.: idg. **bhendh-ont-, *bher-ont-* (-*nt* > *nd* nach Verners Gesetz > -*nd* nach § 25,2) wird wg. zu den adj. -*ja/-jō*-Stämmen erweitert, daher > wg. **bindandi, *berandi* > ur-ae. *bindændi, berendi* > ae. *bindende, berende*[1]) (wie *ʒrēne* § 70,1 flekt.).

Prät. 1. 3. Sg.: idg. 1. **bhe-bhónda,* 3. **bhe-bhónde* > ae. *ič, hē band.*

Das zugrunde liegende idg. Perfekt[2]) war in den meisten Fällen durch Reduplikation, Ablaut und Personalendungen gekennzeichnet. Im Germ. ging die Reduplikation bei den meisten Verben verloren (vgl. § 77), dafür wurde der Ablaut weiter ausgebaut (§ 75).

Prät. 2. Sg.: idg. **bhn̥dh-es* > ur-ae. *bundi* (§ 21, 5) > ae. *þū bunde.*

In der dem Wg. zugrunde liegenden idg. Form des Aorists (urspr. zum Ausdruck einer momentanen Handlung in der Vergangenheit) wurde der Bindevokal -*e*- > -*i*- gehoben, -*s* fiel ab. Lautgesetzlich hätte nach §§ 31,5 und 48,2 *bundi* > ae.**bynd* werden müssen, doch blieb -*i* (später -*e*) nach langer Stammsilbe als funktionswichtig

---

[1]) Die ae. Umschreibung vom Typus *hē wæs sprecende* ist die Vorstufe der heutigen erweiterten Form *he was speaking.* G. Nickel, Die Expanded Form im Altenglischen, Neumünster 1966.

[2]) Im germ. Prät. sind idg. Imperfekt, Aorist, Perfekt und Plusquamperfekt aufgegangen.

und unter **Mitwirkung** der kurzsilbigen erhalten, der Umlaut trat durch Analogie zum Pl. nicht ein.

Die Endung der sw. Verba -des(t) (ae. *þū fremedes(t)*. got. *salbōdēs* 'salbtest') ist eine verkürzte Form vom Verbum "tun" (s. § 77).

Prät. Pl.: idg. 3. *bhn̥dh-n̥t* > ur-ae. *bundun* (§ 21,5) > ae. *wē, ʒē, hīe bundon, -an*.

Zugrunde liegt eine Aoristform wie oben. Im Ae. As. Afr. trat Zusammenfall aller drei Personen wie im Ind. Opt. Pl. Präs. und Prät. ein.

Opt. Prät. Sg.: Er hat Abl.-Vokal wie Ind. Pl. Die wg. Formen gehen auf idg. 1. *-īm*, 2. *-īs*, 3. *-īt* (vgl. lat. *sim, sīs, sit*) zurück > ur-ae. *bundi* > ae. *ič, þū, hē bunde* (statt lautgesetzl. *bynd*, vgl. unter Prät. 2. Sg.).

Opt. Prät. Pl.: Er geht auf idg. 3. *-īnt* (vgl. lat. *sīmus, sītis, sint*) zurück > ur-ae. *bund-in* > ae. *wē, ʒē, hīe bunden* (daneben indikativ. *bundon, -an*).

Part. Prät.: idg. *bhn̥dh-enos*, *-onos* (Suffixablaut, vgl. § 75) > ur-ae. (ʒi)*bundin*, (ʒi)*bundæn* > ae. (ʒe) *bunden* (§ 51,1), außerws. auch *-an, -on, -un*.

Zur Flexion vgl. § 71 Ende. — Die Vorsilbe ʒe- (älter ʒi-) hat beim germ. Verbum perfektivierende Bedeutung (vgl. got. *baíran*, ahd. ae. *beran* 'tragen': got. *gabaíran*, ahd. *giberan*, ae. *ʒeberan* 'zu Ende tragen' = 'hervorbringen, gebären'), wird jedoch beim P. P. auch im Ae. schon schematisch angewandt und fehlt häufig. Zusammengesetzte Verba können kein ʒe- annehmen. — Beim Subst. hat die Vorsilbe ʒe- kollektivierende Bedeutung (ahd. ae. *feld* : ahd. *gifildi*, ae. *ʒefilde* 'Gesamtheit von Feldern', vgl. *ʒebrōþor, ʒesweostor* in § 60,3).

76 b. Flexion.

Ur-ae.	Ae.			

a) Präsens.
Indikativ.

Sg. 1. *helpu*	*ič*	*helpe*	*binde*	*čēose*	*fō*
	angl.	*helpu*	*bindu*	*čēoṣu*	
2. *hilpis*	*þŭ*	*hilpst*	*bintst*	*čīest*	*fēhst*
	angl.	*helpes(t)*	*bindes(t)*	*čēoses(t)*	*fǣst*
3. *hilpiþ*	*hĕ..*	*hilpþ*	*bint*	*čīest*	*fēhþ*
	angl.	*helpeþ*	*bindeþ*	*čēoseþ*	*fǣþ*
Pl. *helpaþ*	*wĕ..*	*helpaþ*	*bindaþ*	*čēosaþ*	*fōþ*

Optativ.

Sg. *helpæ*	*ič...*	*helpe*	*binde*	*čēose*	*fō*, angl. *fǣ*
Pl. *helpæn*	*wĕ..*	*helpen*	*binden*	*čēosen*	*fōn*, angl. *fǣn*

Imperativ.

Sg. 2. *help*	*help*	*bind*	*čēos*	*fōh*
Pl. 1. *helpæn*	*helpan*	*bindan*	*čēoṣan*	*fōn*
2. *helpaþ*	*helpaþ*	*bindaþ*	*čēosaþ*	*fōþ*

Infinitiv.

helpan	*helpan*	*bindan*	*čēosan*	*fōn* (§ 36) (§ 44, I a)

Partizip

helpændi, *helpendi*	*helpende*	*bindende*	*čēosende*	*fōnde*

b) Präteritum.
Indikativ.

Sg. 1. *h(e)alp*	*ič*	*h(e)alp*	*band*	*čēas*	*fenȝ*
2. *hulpi*	*þŭ*	*hulpe*	*bunde*	*cure*	*fenȝe*
3. *h(e)alp*	*hĕ..*	*h(e)alp*	*band*	*čēas*	*fenȝ*
Pl. *hulpun*	*wĕ..*	*hulpon*	*bundon*	*curon*	*fenȝon*

Optativ.

Sg. *hulpi*	*ič...*	*hulpe*	*bunde*	*cure*	*fenȝe*
Pl. *hulpin*	*wĕ..*	*hulpen*	*bunden*	*curen*	*fenȝen*

Partizip.

(ȝi)holpæn, *(ȝi)holpin*	*(ȝe)holpen*	*(ȝe)bunden*	*(ȝe)coren*	*(ȝe)fanȝen*

77. Die schwachen Verben.

Das idg. Verbum bildete seine Vergangenheitsformen meist mit Hilfe von Reduplikation, Ablaut und Personalendungen. Als jedoch die Personalpronomina in den germ. Sprachen zu ständigen Begleitern des Verbums wurden, war die Vergangenheitsform nunmehr übercharakterisiert. Die alten Kennzeichnungsmittel wichen dem neuen: Die Reduplikation ging im Germ. bis auf Reste verloren (§ 76), in einigen Dialekten (Ae., As., Afr.) trat überdies weitgehend Zusammenfall der Personalendungen ein (§ 76a). Dagegen blieb der Ablaut bei den sog. "starken Verben" im Germ. erhalten und wurde in feste Schemata gebracht (§ 75). Eine bestimmte Art von Verben, die sog. "schwachen Verben" gaben im Germ. auch noch den Ablaut auf und bildeten auf Grund des Bedeutungsinhalts der hierhergehörigen faktitiven (kausativen) Verben[1] ihre Vergangenheit durch Zusammensetzung des Verbalstammes mit den Präteritalformen des Verbums "tun"[2]. Als der Verbalstamm und die Formen vom Verbum "tun" zu einem festen Kompositum verwachsen waren, wurde die ursprüngliche Bedeutung von *tun* bald nicht mehr empfunden, es sank zur Flexionsendung herab und wurde abgeschwächt (vgl. Pl. ae. *wē fremedon* statt **freme(dǣ)-don*, ahd. *wir frumitum* statt **frumi(tā)tum*)[3].

Von den vier got. (urg.) Klassen des sw. Verbums sind

[1] Z. B. got. *hailjan* 'heil machen' = 'heilen', *dailjan* 'Teil(e) machen' = 'teilen', (abl.) *satjan* 'sitzen machen' = 'setzen' zu got. Adj. *hails* 'heil, gesund', Sb. *dails* 'Teil', Vb. *sitan* 'sitzen'; ebenso ae. *hǣlan, dǣlan, settan* zu ae. Adj. *hāl*, Sb. *dǣl* (< urg. **dailiz*), Vb. *sittan* (ne. *heal — whole, deal — deal, set — sit*). Weitere Beispiele s. unter Klasse I.

[2] Die got. Pl.-Endungen 1. (*nasi*)-*dēdum*, 2. *-dēduþ*, 3. *-dēdun* 'wir retteten usw.' zum Inf. *nasjan* (s. unter Klasse 1) entsprechen in ihrer noch nicht abgeschwächten Form genau dem ahd. Simplex *wir tātum, ir tātut, sie tātun*, as. *wi, ʒi, sia dādun* (eigtl. 3. Pl.), ae. (poet.) *wē, ʒē, hīe dǣdon* (eigtl. 3. Pl.) 'wir, ihr, sie taten' (vgl. Horn, Sprachkörper § 44; Krahe, Germ. Sprachwissenschaft II, § 90).

[3] In den historischen Grammatiken gewöhnlich „Dentalpräteritum" genannt. — G. A. J. Tops, The Origin of the Germanic Dental Preterit, Leiden 1974.

ae. nur noch die ersten zwei erhalten, dazu Reste der
dritten. Wir haben hier nur drei Stämme zu unterscheiden:

1. Präs. 2. Prät. 3. P. P.

Klasse I enthält in der Hauptsache Kausativa oder
Faktitiva (lat. *fac-ere* 'machen, tun') zu Adjektiven, Sub-
stantiven und Verben[1]).

Ae. *fremman* (§ 25, 3a), got. **framjan* 'förderlich machen'
= 'fördern' zum Adj. ae. *fram* 'förderlich, tapfer', got. **frams*,
aisl. *framr* 'vorzüglich' (dazu mit abl. Schwundstufe nach § 75
ahd. *frummen* Vb., *fruma* Sb., nhd. *frommen*, 'zu Nutz und
Frommen'); — ae. *dēman* (§ 31, 4), got. *dōmjan* 'ein Urteil
machen' = '(be)urteilen' zum Subst. ae. *dōm*, got. *dōms* 'Urteil' (ne. *deem* : *doom*); — ae. *nerian* (§ 25, 3a), got. *nasjan*
(statt **nazjan*[2]), § 25, 1, mit *s* für *z* von *ga-nisan*) 'genesen
machen' = 'heilen, retten' zum Verbum ae. *ʒe-nesan*, got.
ga-nisan 'genesen' (nhd. *nähren* : *ge-nesen*).

Die Verba dieser Klasse gehen auf urg. **-ijan* (got.
durchweg *-jan*) zurück, aus dem sich nach kurzer Wurzelsilbe germ. **-jan* (**nazjan*), nach langer Wurzelsilbe germ.
*-ian (**dōmian*) entwickelte (vgl. § 54,1). Sowohl germ. *-j*
als auch *-i* bewirkten 'Umlaut' (§ 31) des Wurzelvokals
der Verba und 'Palatalisierung und Assibilierung' (§ 44)
eines vorausgehenden *c* und *ʒ*, *-j* überdies noch 'Gemination' gemäß § 25, 3a, um dann, wie nach urspr. langer
Stammsilbe, auch nach der neuentstandenen Konsonan-
tenlänge zu schwinden.

Im Ae. haben die Verba der Klasse I im Inf. die Endung *-an*, nach *r* *-ian* (§ 25, 3a), im Prät die Endung
-ede, -de, -te (got. *-ida*, ur-ae. *-idæ*):

---

[1]) Daneben gibt es primäre Verba auf got. *-jan*, die dann aber im Prät.
stark (abl.) flektieren, z. B. got. *hafjan* '(auf)heben', *bidjan* 'bitten', *ligan*
'liegen' (statt **ligjan*), *sitan* 'sitzen' (statt **sitjan*) = ae. *hebban* abl. VI., *biddan* abl. V. (*bæd*, *bǣdon*, *ʒebeden*), *licʒ(e)an* (vgl. § 44, 1b) abl. V. (*læʒ*, *lǣʒon*,
ʒeleʒen), *sittan* abl. V. (ne. *heave* flekt., *bid*, *lie* flekt., *sit*).

[2]) Vgl. regelm. got. *hazjan* 'loben' = ae. *herian* 'loben, preisen'.

Inf.	Prät.	P. P.

ae. *fremman* — *ič, wē fremede, -on* — *(ʒe)fremed*
  'fördern'
(got. **framjan* — **framida,* 3. *-dēdun* — **framiþs*)
ae. *dēman* — *ič, wē dēmde, -on* — *(ʒe)dēmed*
  'urteilen'
(got. *dōmjan* — *dōmida,* 3. *-dēdun* — *dōmiþs*)
ae. *nerian* — *ič, wē nerede, -on* — *(ʒe)nered*
  'retten'
(got. *nasjan* — *nasida,* 3. *-dēdun* — *nasiþs*)

1. Die urspr. kurzsilbigen Verba bilden ihr Prät. auf
-ede (*fremede, nerede*), die urspr. langsilbigen auf *-de* nach
sth. Kons. (*dc̄mde, hīerde hc̄rde* zum Inf. ws. *hīeran,* angl.
hēran — ne. *dcem : deemed, hear : heard*), auf *-te* nach stl.
Kons. (*cēpte, mētte* zum Inf. *cēpan, mētan* — ne. *keep : kept,
meet : met*); wie die letzteren gehen auch die urspr. kurzsilbigen Verba auf *-d, -t* (*hredde, sette* zum Inf. *hreddan*
'retten', *settan* — ne. *set : set*). Dreifacher Konsonant wird
vereinfacht (*fylde, sende* zum Inf. *fyllan, sendan* — ne.
fill : filled, send : sent).

2. Das Part. Prät. endet auf *-ed* (älter *-id*) bei den urspr.
kurz- und langsilbigen Verben. Dial. Unterschiede zeigen
sich in der Flexion der P. P. der Verba, die auf *-d, -t* aus-
gehen.

Angl. N. *ʒeseted*[1]) (zu *settan*), G. *ʒesettes,* D. *ʒesettum,* doch
ohne Synkope vor kons. anlaut. Endung A. *ʒesetedne,* f. G.
ʒesetedre, -ra usw.; — ws. (durchgehende Synkope) N. *ʒeset(t),*
G. *ʒesettes,* D. *ʒesettum,* A. *ʒesetne,* f. G. *ʒesetre, -ra* usw.; —
ebenso angl. *ʒesended, ʒeʒrēted*[1]); ws. *ʒesend, ʒeʒrēt(t)* zum
Inf. *sendan, ʒrētan* (ne. *send : sent, greet : greeted*).

Während die kurzsilbigen sonst in den flekt. Formen
keine Kürzung erfahren, wird bei den langsilbigen vor

---

[1]) So ausnahmslos im „Beowulf".

vokalisch anlautender Endung das *e* von *-ed* stets synkopiert.

3. In der 2. 3 Sg. Präs. *þū fremes(t)*, *hē fremeþ* trat keine
Gemination nach § 25,3 a ein, da *j* vor dem *i* der Endung
bereits im Wg. fehlte (vgl. § 44 Anm. 2); zum Imp. 2. Sg.
freme vgl. § 76 a.

4. a) Einige Verben bildeten schon im Germ. ihr Prät.
und P. P. ohne den Mittelvokal *-i-* unter Antritt der
Endung *-t* statt *-d* und haben daher auch im Ae. keinen
i-Umlaut.

Ae. *byčʒ(e)an* (vgl § 44, I Ende) 'kaufen' — *bohte* — *ʒeboht*
(got. *bugjan* — *baúhta*, ne. *buy* — *bought*); *þenč(e)an* 'denken' —
þōhte — *ʒeþōht* (got. *þagkjan* — *þāhta*, ne. *think* — *thought*);
þynč(e)an 'dünken' — *þūhte* — *ʒeþūht* (got. *þugkjan* — *þūhta*,
ne. *think* < ae. *þenč(e)an* + *þynč(e)an*, vgl. § 44 Anm. 1);
wyrč(e)an 'arbeiten' — *worhte* — *ʒeworht* (got. *waúrkjan* —
waúrhta, ne. *work* — *wrought*); *brinʒan* (st. Vb.), *brenʒ(e)an*
(sw. Vb., as. *brengian*) 'bringen' — *brōhte* — *ʒebrōht* (got. *briggan* — *brāhta*, ne. *bring* — *brought*); *rǣč(e)an* 'reichen' (< germ.
*raikjan) — *rāhte rǣhte* — *ʒerǣht* (mit *ǣ* vom Präs.; ne. *reach* —
reached); *tǣč(e)an* 'lehren' (< germ. **taikjan*) — *tāhte tǣhte* —
ʒetāht ʒetǣht (mit *ǣ* vom Präs.; ne. *teach* — *taught*); *sēč(e)an*
'suchen' (got. *sōkjan*) — *sōhte* — *ʒesōht* (ne. *seek* vgl. § 44 Anm.1
— *sought*); *weč(e)an* 'wecken' (got. *us-wakjan*) — *weahte* (§ 29,
1 a) — *ʒeweaht* (ne. *wake, watch* < ae. *wacian, wæccan* mit
weččan vermischt); *strečč(e)an* 'strecken' (< germ. **strakjan*
strack machen', in nhd. *schnur-stracks*) — *streahte* (§ 29, 1 a) —
ʒestreaht (ne. *stretch* — *stretched*); *þečč(e)an* 'decken' (< germ.
*þakjan) — *þeahte* (§ 29, 1 a) — *ʒeþeaht* (ne. *thatch* nach Sb. ae.
þæc 'Dach', zu lat. *toga* 'Kleid', eigtl. 'Bedeckung').

b) Eine weitere kleine Anzahl von Verben verlor den
Mittelvokal *-i-* im Prät. und P. P. ebenfalls so früh, daß
kein *i*-Umlaut eintrat, doch haben sie regulär *-de* im Prät.,
-d im P. P.

Ae. *tellan* 'erzählen' (< germ. **taljan*) — *t(e)alde* (§ 29, 1 c) —
ʒet(e)ald (ne. *tell* — *told*); *sellan* 'übergeben' (got. *saljan*) — *s(e)-
alde* — *ʒes(e)ald* (ne. *sell* — *sold*); *cwellan* 'töten' (< germ.
*kwaljan) — *cw(e)alde* — *ʒecw(e)ald* (ne. *quell, kill* — *killed*);
stellan 'stellen' (< germ. **staljan*) — *st(e)alde* — *ʒest(e)ald*;

leč͡ʒ(e)an 'legen' (got. *lagjan*, abl. Faktitivum zu got. *ligan* 'liegen' für **ligjan*) — *leʒde* — *ʒeleʒd* (ne. *lay* vgl. § 44 Anm. 2 — *laid*).

Klasse II umfaßt hauptsächlich Verba, die von Nomina abgeleitet sind (Denominativa); daneben steht eine kleinere Anzahl von Verben, die Ableitungen von primären Verben darstellen (Deverbativa).

Ae. *fiscian*, got. *fiskōn* 'fischen' zu ae. *fisc*, got. *fisks* 'Fisch' (vgl. lat. *piscāri* zu *piscis*); — ae. *hwearfian*, got. *hwarbōn* 'wandern, wandeln', abl.[1]) zu ae. *hweorfan* 'sich wenden', got. *hwairban* 'wandeln' (nhd. *werben*); ae. *fandian* 'zu finden suchen' = 'prüfen, erforscher' (nhd. *fahnden*) abl. zu ae. *findan* (nhd. *finden*).

Die Verba dieser Klasse gehen auf urg. **-ōjan* (got. *-ōn*) zurück, aus dem sich über umgelautetes **-ējan* die ae. Inf.-Endung *-ian* entwickelte:

Urg. **lōkōjan* > **lōkējan* > **lōkejan* > **lōkijan* > ae. *lōcian, lōciʒ(e)an* 'schauen'.

Im Prät. erscheint die Endung ws. *-ode* (got. *-ōda*, urae. *-ōdæ*), angl. kent. *-ade*, im P. P. ws. *-od*, angl. kent. *-ad* (§ 51, 3³).[2])

Inf.	Prät.	P. P.
ae. *lōcian*	— *ič, wē lōcode, -on*	— *ʒelōcod*
'schauen'	(ne. look: looked)	
(got. *salbōn*	— *salbōda*, 3. *-dēdun*	— *salbōþs*)
'salben'		

1. In der 2. 3. Sg. Präs. von *lōcian* liegt athematische Bildung (der Deverbativa) vor, d. h. die Endungen treten hier unmittelbar an den Stamm.

---

[1]) Ablaut (s. § 75) und Kausativbildung (s. Klasse I) waren im Germ. sehr produktive Sprachkräfte, wie das Nebeneinander von ae. *hweorfan* 'sich wenden', ablaut. *hwearfian* 'wandern' mit Schwundstufe *hwyrft* mi. 'Wanderung' (umgelautet), kausativ. *hwierfan* (angl. *hwerfan*) 'umwenden' deutlich zeigt.

[2]) Wie neben kausativem ae. *swidan* 'stärken' ein denominatives *swidian* ‚stark sein; stark werden' steht, so haben wir neben ae. *unoferswided* 'unüberwunden' auch ein ae. *unoferswidod* 'unüberwindbar'.

Urg. 2. *lōkō-si, 3. *lōkō-þi > ae. þū lōcas(t), hē lōcaþ (got. salbōs, salbōþ); danach die 2. Sg. Imp.: urg. *lōkō(e) > ae. lōca (§ 51, 3c), got. salbō; — aber mit thematischer Bildung (der Denominativa): urg. 1. Sg. *lōkōjō, 3. Pl. *lōkōjanþi usw. > ae. iċ lōci(ʒ)u, ws. lōciʒe, wē, ʒē, hīe lōciaþ (vgl. Inf.), got. salbō, salbōnd.

2. In späten ws. Texten haben die Verba auf -ian (nach r) der Klasse I häufig die Flexion der Klasse II angenommen.

Spätws. Präs. iċ nerie, þū nerast, hē neraþ, wē neriaþ, Prät. iċ nerode usw.

Klasse III ist ae. im wesentlichen nur noch durch die Verben habban — hæfde — ʒehæfd; libban (lifʒan) — lifde — ʒelifd; seċʒan — sæʒde — ʒesæʒd (ne. have, live, say) und hyċʒan 'denken' — hoʒde — ʒehoʒod vertreten, bei denen im Prät. und P. P. -d(e) ohne Mittelvokal an den Stamm tritt. (Got. Inf. -an [haban, liban], ahd. -ēn [habēn, lebēn], zu lat. habēre; Prät. 3. Sg. got. habáida, ahd. habēta.) Die meisten ursprünglich hierhergehörigen Verben sind ae. in Klasse I oder II übergetreten, was auch bei den genannten Verben teilweise der Fall ist.

1. Die 1. Sg. und der Pl. Präs. wurden nach der Klasse I gebildet, daher: iċ hæbbe, libbe (lifʒe), seċʒe, hyċʒe; wē, ʒē, hīe habbaþ (wie fremmaþ), libbaþ (lifʒaþ), seċʒ(e)aþ, hyċʒ(e)aþ.

2. Bildungen nach Klasse I und II zeigen die 2. Sg. Präs. þū hæfst, liofast (§ 32, 3), sæʒst, hyʒ(e)st hoʒas(t) (außerws. hafas(t), saʒas(t)) und 3. Sg. hē hæfþ, liofaþ, sæʒþ, hyʒ(e)þ hoʒaþ (außerws. hafaþ, saʒaþ) sowie die 2. Sg. Imp. hafa (angl. hæfe), liofa, sæʒe (außerws. saʒa), hoʒa hyʒe.

3. Spätws. trat hyċʒ(e)an 'denken' ganz in Klasse II über: Inf. hoʒian, Prät. hoʒode, P. P. ʒehoʒod.

4. Hierher gehört auch das Verbum fetian 'holen', das sich über *fetjan > *fettjan (§ 25, 3 a) > ws. feċċ(e)an (vgl. § 44, I Ende) entwickelte (ne. fetch — fetched).

Inf. *fetian — feččan*; Präs. Sg. 1. *ič fetiʒe — fečče*, 2. *þū fetast*, 3. *hē fetaþ*, Pl. *wē.. fetiaþ — feččaþ*; Opt. *ič fetiʒe — fečče*; Imp. Sg. *feta*, Pl. *fetiaþ — feččaþ*; Prät. *ič fette — fetode*; P. P. *fett — fetod*, außerws. *feotod* (§ 32, 2).

5. Die meisten Verba dieser Klasse sind in die II. (*ō-*) Klasse übergetreten. Folgende Kennzeichen weisen auf urspr. Zugehörigkeit zur III. (*ē-*)Klasse hin (lat. II. Konjugation: *tacēre* usw. = germ. III. sw. Konjugation: got. *þahan* 'schweigen' usw.):

Konsonantenverdoppelung (§ 25, 3 a) und *i*-Umlaut (§ 31); die Endungen *-e*, *-es(t)*, *-eþ* im Sg. Präs.; Bildung des Prät. und P. P. ohne *-o*-Mittelvokal.

77 a. Flexion

a) Präsens

Indikativ

	1. Klasse			2. Klasse	3. Klasse
Sg. *ič*	*fremme*	*dēme*	*nerie*	*lōciʒe*	*hæbbe*
angl.	*fremmu*	*dœ̄mu*	*neriu*	*lōci(ʒ)u*	*hafu*
		(§ 31, 4)			
þū	*fremes(t)*	*dēm(e)s(t)*	*neres(t)*	*lōcas(t)*	*hæfs(t)*
				angl. *hæfes(t)*	*hafas(t)*
hĕ..	*fremeþ*	*dēm(e)þ*	*nereþ*	*lōcaþ*	*hæfþ*
				angl. *hæfeþ, hafaþ*	
Pl. *wē..*	*fremmaþ*	*dēmaþ*	*neriaþ*	*lōciaþ*	*habbaþ*

Optativ

Sg. *ič...*	*fremme*	*dēme*	*nerie*	*lōciʒe*	*hæbbe*
Pl. *wē..*	*fremmen*	*dēmen*	*nerien*	*lōciʒen*	*hæbben*

Imperativ

Sg. 2.	*freme*	*dēm*	*nere*	*lōca*	*hafa,*
				angl. *hæfe*	
Pl. 1.	*fremman*	*dēman*	*nerian*	*lōcian*	
2.	*fremmaþ*	*dēmaþ*	*neriaþ*	*lōciaþ*	*habbaþ*

Infinitiv

fremman	*dēman*	*nerian*	*lōcian*	*habban*

Particip

I. Klasse   2. Klasse 3. Klasse
fremmende dēmende neriende   *lōciende* *hæbbende*
angl. *lōcende*

b) Präteritum
Indikativ

Sg. *ič*	*fremede*	*dēmde*	*nerede*	*lōcode*	*hæfde*
			angl. kent. *lōcade* usw.		
þū	*fremedes(t)*	*dēmdes(t)*	*neredes(t)*	*lōcodes(t)*	*hæfdes(t)*
hĕ..	*fremede*	*dēmde*	*nerede*	*lōcode*	*hæfde*
Pl. *wĕ..*	*fremedon*	*dēmdon*	*neredon*	*lōcodon*	*hæfdon*

Optativ

Sg. *ič...*	*fremede*	*dēmde*	*nerede*	*lōcode*	*hæfde*
Pl. *wĕ..*	*fremeden*	*dēmden*	*nereden*	*lōcoden*	*hæfden*

Particip

(*ʒe*)*fremed* (*ʒe*)*dēmed* (*ʒe*)*nered* (*ʒe*)*lōcod* (*ʒe*)*hæfd*
angl. kent. (*ʒe*)*lōcad*

77 b. Verbalsubstantiva

Die ae. schwachen Verben der I. Klasse bilden Abstrakta mit dem Suffix *-inʒ* (< germ. *-ingō* < idg. *-enkā*), die der II. Klasse mit *-unʒ* (< germ. *-ungō* < idg. *-n̥kā*)[1]), bei den st. Verben sind Bildungen auf *-inʒ* *-unʒ* selten.

Ae. *mētan, ʒrētan, blĕtsian, leornian*: *mētinʒ, ʒrētinʒ, blĕtsunʒ, léornunʒ* (nhd. *-ung*, ne. *-ing*): Sb. *meeting, greeting, blessing, learning*).

Die Flexion ist die der langen ō-Stämme, doch steht ws. kent. im D. Sg. oft *-unʒa* für *-unʒe* (zuweilen auch im G. A. Sg.).

---

[1]) Fr. Kluge, Nominale Stammbildungslehre der altgerm. Dialekte, 3. Aufl. bearb. von L. Sütterlin u. E. Ochs, Halle 1926 (§ 158f.).

78. Die Präteritopräsentia

Es sind dies Verben mit präteritaler Form und präsentischer Bedeutung (vgl. lat. *ōdī* 'ich hasse', ne. *I have got* 'ich habe'). Sie bilden im Germ. ein neues Prät. nach Art der sw. Verba, während sie im Präs. wie das st. Prät. flektiert werden, bis auf die alte Perfektendung *-t* in der 2. Sg. Präs. Wir können sie auch im Ae. in die sechs st. Ablautreihen einordnen.

Klasse I: Ind. Sg. *ič wāt* 'ich weiß', *þŭ wāst, hĕ.. wāt,* Pl. *wĕ.. witon, wioton* (§ 32, 3), Opt. Sg. *ič wite,* Pl. *wĕ witen,* Imp. Sg. *wite,* Pl. *witaþ,* Inf. *witan, wiotan,* Part. Präs. *witende,* Prät. Sg. *ič wisse, wiste,* Pl. *wĕ wisson, wiston,* P. P. *ʒewiten.*

Klasse II: Ws. *dēaʒ, dēah,* angl. *dēʒ* (§ 35, 1) 'es taugt', Pl. *duʒon,* Opt. *dyʒe, duʒe,* Inf. *duʒan,* Part. Präs. *duʒende,* Prät. *dohte.*

Klasse III: Ind. Sg. *ič can(n)* 'ich weiß, kann', *þŭ canst, hĕ can,* Pl. *wĕ cunnon,* Opt. Sg. *ič cunne,* Pl. *wĕ cunnen,* Inf. *cunnan,* Prät. *ič cūþe, wĕ cūþon,* P. P. *oncunnen,* Adj. *cūþ* (got. *kunþs*) 'bekannt'.

Ič þearf (be-þearf) 'ich bedarf', *þŭ þearft, hĕ þearf, wĕ þurfon,* Opt. *ič þyrfe, þurfe,* Inf. *þurfan,* Part. Präs. *þurfende,* Adj. *þearfende* 'bedürftig', Prät. *ič þorfte, wĕ þorfton.* – *Ič dear(r)* 'ich wage', *þŭ dearst, hĕ dear(r), wĕ durron,* Opt. *ič dyrre, durre,* Inf. nicht belegt, Prät. *ič dorste, wĕ dorston.*

Klasse IV: *Ič sceal* 'ich soll', *þŭ scealt, hĕ sceal, wĕ sculon,* Opt. *ič scyle, scule, wĕ scylon, sculon,* Inf. *sculan, sceolan,* Prät. *ič sc(e)olde, wĕ sc(e)oldon.*

Ič man (mon) 'ich gedenke', *þŭ manst, hĕ man, wĕ munon,* Opt. (alt) *ič myne,* (gewöhnlich) *mune, wĕ munen,* Imp. *ʒe-mun, -mune, -myne,* Inf. (*ʒe-, on-*)*munan,* Prät. *ič munde,* P. P. *ʒemunen,* Part. Präs. *munende.*

Klasse V: Sie enthält schon got. keine Belege. Bei dem gewöhnlich hierhergestellten *maȝan* stimmt der Vokal des Plurals nicht. 'Vielleicht ist das Verbum erst spät zu den Praeterito-Praesentien getreten' (Helm). *Ič mæȝ* 'ich vermag, kann', *p̄ū meaht* (ws.), *mæht* (angl.), spät-ws. *miht, hē mæȝ, wē maȝon,* Opt. *ič mæȝe, wē mæȝen,* Inf. *maȝan,* Part. Präs. *maȝende,* Prät. ws. *ič meahte, mehte* (§ 35, 2), spätws. *mihte,* angl. *mæhte* (§ 35, 1).

Klasse VI: *Ič mōt* 'ich darf', *p̄ū mōst, hē nōt, wē mōton,* Opt. *ič mōte, wē mōten,* Inf. nicht belegt, Prät. *ič mōste, wē mōston*[1]).

79. Die Verben auf -mi

Im Indogermanischen bestanden (wie noch im Griech.) zwei große Konjugationsklassen nebeneinander: die eine mit der Endung *-ō* in der 1. Sg. Präs. (idg. **bherō*, lat. *ferō*), die andere mit der Endung *-mi* (idg. **esmi*, lat. *sum*). Im Germanischen (wie auch schon im Lat.) herrscht fast ausschließlich die *-ō*-Bildung. Reste der Verben auf *-mi* sind im Ae.:

1. Das Verbum 'sein'

Hier tritt das Suppletivwesen (s. S. 93[1]) besonders stark in Erscheinung. Bei der Bildung helfen sich vier idg. Verbalwurzeln aus: *es-, bheu-, or-* in der 2. Sg. (vgl. lat. *orior, ortus*) und *wes-*.

a) Präsens
Indikativ

		Ws.	Angl.	Ws.	Angl.
Sg.	*ič*	eom	eam, am	*bīo, bēo*	bīom
	p̄ū	eart	earþ, arþ	bist	bis(t)
	hē.	is	is	biþ	biþ
Pl.	*wē.*	sint,	sint, sind,	bīoþ, bēoþ	bīoþ,
		sindon, -un	sindon, -un,		bi(o)þun, -on
			earon, aron		

[1]) E. Standop, Syntax und Semantik der modalen Hilfsverben im Altenglischen, Bochum 1957. — A. Tellier, Les verbes perfecto-présents en Anglais ancien, Paris 1962.

Optativ

| Sg. *ič...* | *sie, sī* | *sīe* | *bīo, bēo* |
| Pl. *wē..* | *sīen, sīn* | *sīen* | *bīon, bēon* |

<table>
<tr><td></td><td>Ws.</td><td></td><td>Ws.</td></tr>
<tr><td colspan="4" align="center">Imperativ</td></tr>
<tr><td>Sg.</td><td>*bīo, bēo*</td><td></td><td>*wes*</td></tr>
<tr><td>Pl.</td><td>*bīoþ, bēoþ*</td><td></td><td>*wesaþ*</td></tr>
</table>

Infinitiv

bīon, bēon   *wesan*

Particip

bīonde, bēonde   *wesende*

b) Präteritum

Ind. *ič wæs, þŭ wǣre, hē.. wæs, wē.. wǣron* (§ 75, Klasse **V**)
Opt. *ič.. wǣre, wē.. wǣren.*

Beim ,,Verbum substantivum" haben sich die aus verschiedenen Wurzeln stammenden Formen in vielen Fällen gegenseitig beeinflußt.

1. Sg.: *eom* (idg. **és-mi*, got. *im*) hat *eo* von *bēo(m)* (idg. **bheu̯ō*, wg. **biu*), während *bēom* das *m* von *eom* bezog; angl. *(e)am* nach 2. Sg. *(e)arþ*; — 2. Sg.: *eart* hat *-t* von den Prät.-Präs.; *bist* ist Kontamination von *is* (idg. **ési* < **es-si*, got. *is*) + **bēost*; — 3. Sg.: *biþ* ist Kontamination von *ist* (idg. **es-ti*, got. *ist*) + *bēoþ*; — Pl.: *sind, sint* mit *d* > *t* unter dem Schwachdruck (idg. **s-énti* < **es-*, got. *sind*); *sindon* hat *-on* von den Prät.-Präs.; *bīoþ, biþun, bioþon* (mit *u*-Umlaut nach § 32, 3) sind nach dem Sg. gebildet.

2. Das Verbum 'tun'
a) Präsens

	Indikativ		Optativ		Imperativ	
	Ws.	Angl.	Ws.	Angl.	Ws.	Angl.
Sg. *ič*	*dō*	*dōm*	*dō*	*dō, doe, dōa*		
þŭ	*dēst*	*dēst, dǣs(t)*	*dō*	*dō, doe, dōa*	*dō*	*dō, dōa*
hē..	*dēþ*	*dēþ, dǣþ, -s*	*dō*	*dō, doe, dōa*		
Pl. *wē..*	*dōþ*	*dōþ, dōaþ, -s*	*dōn*	*dōn, doe(n)*	*dōn*	*dōn*
					dōþ	*dōaþ*

Infinitiv   Particip

dōn   *dōn, dōa(n)*   *dōnde*   *dōnde, doende*

flekt. *tō dōnne*   *dōnne, dōanne*

b) Präteritum

	Indikativ	Optativ	Particip
ič	*dyde*	*dyde*, (poet.) *dǣde*	*ʒedōn*, angl. *ʒedœ̄n, -dēn*
þŭ	*dydes(t)*	*dyde*	
hĕ..	*dyde*	*dyde*	
wĕ..	*dydon,*	*dyden*, (poet.) *dǣden*	
	(poet.) *dēdon,*		
	dǣdon		

3. Das Verbum 'gehen'

Neben dem red. Verbum *ʒanʒan* (§ 76, Klasse II) steht ae. wie ahd. die Kurzform *ʒān*. Sie flektiert wie folgt (in Klammern stehen mehrfach bezeugte angl. Formen):

a) Präsens

		Indikativ	Optativ	Imperativ	Particip
Sg.	*ič*	*ʒā* (*ʒǣ*)	*ʒā* (*ʒǣ*)		*ʒānde*
	þŭ	*ʒǣs(t)*	*ʒā*	*ʒā* (*ʒǣ*)	
	hĕ..	*ʒǣþ* (*-s*)	*ʒā*		
Pl.	*wĕ..*	*ʒāþ* (*ʒǣþ*)	*ʒān* (*ʒǣn*)	*ʒāþ* (*ʒǣþ*)	

Infinitiv

ʒān (*ʒā, ʒǣ*), flekt. *tō ʒānne*

b) Präteritum

Sg. *ič ēode* (*ēade*)   *ēode*   *ʒeʒān* (*ʒeēad*)

usw. wie *nerede* (§ 77).

4. Das Verbum 'wollen'

Im Germanischen leben von diesem ursprünglichen Verbum auf *-mi* nur noch die Optativformen im Präs. Sg. in indikativischer Bedeutung fort ('ich möchte wollen' >

'ich will'), was im Got. besonders deutlich ist (got. Sg. Präs. *wiljau, wileis, wili*). Es wurde ae. ein neuer Optativ gebildet. Das *-t* der 2. Sg. wurde nach den Präteritopräsentia, Pl., Prät., Part. Präs. und Inf. wurden nach der I. sw. Klasse neugebildet. Die angl. Formen stehen in Klammern.

a) Präsens.

	Indikativ.	Optativ.	Infinitiv:
Sg.	*ič wille* (*willo, wyllo*)	*wille, wile* (*wælle,*	*willan*
	þŭ wilt (*wylt*)	*wille, wile* (*welle*)	
	hĕ.. wile, wille (§ 48, 3)	*wille, wile*	Particip.
	(*wil(l), wyl*)		*willende*
Pl.	*wĕ.. willaþ* (*wallaþ, -as*)	*willen* (wie Sg.)	(*wellende*)

b) Präteritum.

wolde (*walde*) usw. wie *nerede* (§ 77).

IV. Texte mit Übersetzung.

Prosa.

1. Bedas Bericht über den altenglischen Dichter Cædmon.

Wir lassen hier den lateinischen Bericht des angelsächsischen Gelehrten Beda Venerabilis (s. § 4) folgen, den er uns über den ersten mit Namen bekannten ae. (ndh.) Dichter Cædmon in seiner 'Kirchengeschichte der Angelsachsen' gibt zusammen mit einer wörtlichen lateinischen Übersetzung des ae. Preisliedes, das dieser im Kloster Streoneshalh (jetzt Whitby) um 670 gedichtet hat. Der Hymnus Cædmons, der das weltliche Preislied nach Form und Stil übernahm, eröffnet die geistliche Dichtung in ae. Sprache. Die ae. Übersetzung wurde unter König Alfred (849—900) angefertigt (s. § 9). Cædmons Hymnus wird in vier Handschriften der „Historia ecclesiastica" in ndh. Fassung überliefert (s. S. 127), von den übrigen in ws. Umschrift (s. S. 38 und 122). — „Die im Eingang unserer Textprobe genannte Äbtissin ist die um die Ausbildung des Klerus hochverdiente nordhumbrische Prinzessin Hild (614?—680), welche im Jahre 657 zu Streoneshalh, dem späteren Whitby in Yorkshire, ein Doppelkloster

gründete, dem sie bis zu ihrem Tode mit außerordentlicher
Klugheit vorstand. Unter ihrer Regierung trat Cædmon in
bereits vorgerücktem Alter in das Kloster ein, so daß wir
seine Dichtertätigkeit um 670 ansetzen dürfen" (M. Förster,
S. 16).

(1) In þysse abbudissan mynstre wæs sum brōþor syn-
derlīce mid ȝodcundre ȝife ȝemǣred ond ȝeweorþad, forþon hē ȝewunade ȝerisenlīce lēoþ wyrcan þā þe tō ǣfæst-
nisse ond tō ārfæstnisse belumpon, swā þætte, swā hwæt
swā hē of ȝodcundum stafum þurh bōceras ȝeleornode,
þæt hē æfter medmiclum fæce in scopȝereorde mid þā
mǣstan swētnisse ond inbryrdnisse ȝeȝlenȝde ond in
enȝliscȝereorde wel ȝeworht forþ brōhte; (2) ond for his
lēoþsonȝum moniȝra monna mōd oft tō worulde forhoȝd-
nisse ond tō ȝeþēodnisse þæs heofonlīcan līfes onbærnde
wǣron. (3) ond ēac swelce moniȝe ōþre æfter him in On-

---

(1) In dieser Äbtissin Kloster war ein Bruder besonders
durch eine göttliche Gabe berühmt gemacht und ausgezeich-
net, denn er pflegte schicklich Lieder zu verfassen, die sich
auf Glaubensfestigkeit und auf Frömmigkeit bezogen, so daß,
was auch immer er von den göttlichen Schriften durch Gelehrte lernte, er dies nach kurzem Zeitraum in dichterischer
Sprache mit der größten Anmut und Begeisterung aus-
schmückte und in englischer Sprache wohlgefügt vorbrachte;
(2) und durch seine Dichtungen waren vieler Menschen Ge-
müter oft zur Verachtung der Welt und zur Verbindung mit
dem himmlischen Leben entflammt worden. (3) Und ebenso

Beda, Hist. eccl., Buch IV, Kap. 24: (1) In huius mona-
sterio abbatissae fuit frater quidam divina gratia specialiter
insignis, quia carmina religioni et pietati apta facere solebat,
ita ut, quicquid ex divinis litteris per interpretes disceret, hoc
ipse post pusillum verbis poeticis maxima suavitate et com-
punctione compositis in sua, id est Anglorum, lingua pro-
ferret. (2) Cuius carminibus multorum saepe animi ad con-
temptum saeculi et appetitum sunt vitae caelestis accensi.
(3) Et quidem et alii post illum in gente Anglorum religiosa

ȝelþēode onȝunnon ǣfæste lēoþ wyrcan, ac nǣniȝ hwæþre
him þæt ȝelīce dōn meahte, (4) forþon hē nales from mon-
num ne þurh mon ȝelǣred wæs, þæt hē þone lēoþcræft
leornade, ac hē wæs ȝodcundlīce ȝefultumod ond þurh
ȝodes ȝife þone sonȝcræft onfēnȝ, (5) ond hē forþon nǣfre
nōht leasunȝe ne īdles lēoþes wyrcan meahte, ac efne þā
ān, þā þe tō ǣfestnesse belumpon ond his þā ǣfæstan tun-
ȝan ȝedafenade sinȝan.

(6) Wæs hē, sē mon, in weoruldhāde ȝeseted oþ þā tīde,
þe hē wæs ȝelȳfedre yldo, ond hē nǣfre nǣniȝ lēoþ ȝeleor-
nade. (7) ond hē forþon oft in ȝebēorscipe, þonne þǣr wæs
blisse intinȝa ȝedēmed, þæt hēo ealle sceolden þurh ende-
byrdnesse be hearpan sinȝan, þonne hē ȝeseah þā hearpan

___

versuchten auch viele andere nach ihm im Angelnvolke
(= engl. Volk, s. § 6) fromme Gedichte zu verfertigen, aber
keiner jedoch konnte ihm das gleich tun, (4) denn er war
keineswegs von den Menschen noch durch einen Menschen
unterwiesen worden, daß er die Dichtkunst erlernte, sondern
er war von Gott unterstützt und durch Gottes Gabe empfing
er die Dichtkunst, (5) und er vermochte deshalb nie etwas
von Erdichtung noch von einem eitlen Liede zu verfassen,
sondern eben nur die allein, die sich auf Glaubensfestigkeit
bezogen und die seiner frommen Zunge zu singen geziemte.

(6) Es war dieser Mann im Laienstand befindlich (= gehörte... an) bis zu der Zeit, wo er im vorgerückten Alter war,
und er hatte nie irgendein Lied gelernt. (7) Und deshalb oft
beim Biergelage, wenn da aus Anlaß der Fröhlichkeit be-
schlossen wurde, daß sie alle der Reihe nach zur Harfe singen

___

poemata facere temptabant; sed nullus eum aequiparare
potuit. (4) Namque ipse non ab hominibus neque per homi-
nem institutus canendi artem didicit, sed divinitus adiutus
gratis canendi donum accepit. (5) Unde nil umquam frivoli et
supervacui poematis facere potuit, sed ea tantummodo, quae
ad religionem pertinent et religiosam eius linguam decebant.
(6) Siquidem in habitu saeculari usque ad tempora provec-
tioris aetatis constitutus nil carminum aliquando didicerat.
(7)Unde nonnumquam in convivio, cum esset laetitiae causa
decretum, ut omnes per ordinem cantare deberent, ille, ubi

him nēalēcan, þonne ārās hē for scome from þǣm symble
ond hām ēode tō his hūse. (8) þā hē þæt þā sumre tīde
dyde, þæt hē forlēt þæt hūs þæs ʒebēorscipes ond ūt wæs
ʒonʒende tō nēata scypene, þāra heord him wæs þǣre
neahte beboden, þā hē þā þǣr in ʒelimplīce tīde his leomu
on reste ʒesette ond onslǣpte, þā stōd him sum mon æt
þurh swefn ond hine hālette ond ʒrētte ond hine be his
noman nemde: 'Cedmon, sinʒ mē hwæthwuʒu.' (9) þā
ondswarode hē ond cwæþ: 'ne con ic nōht sinʒan, ond ic
forþon of þyssum ʒebēorscipe ūt ēode ond hider ʒewāt,
forþon ic nāht sinʒan ne cūþe.' (10) eft hē cwæþ, sē þe mid
him sprecende wæs: 'hwæþre þū mē meaht sinʒan.' (11)

---

sollten, dann stand er, wenn er die Harfe sich ihm nähern
sah, aus Scham auf von dem Gastmahl und ging heim zu seinem Hause. (8) Als er das nun zu einer gewissen Zeit (wieder)
tat, daß er das Haus des Biergelages verließ und hinausging
zum Stall der Rinder, deren Bewachung ihm in jener Nacht
aufgetragen war, (und) als er da nun zur angemessenen Zeit
seine Glieder auf die Lagerstätte gelegt hatte und eingeschla-
fen war, da erschien ein Mann vor ihm im Traume und be-
grüßte ihn und redete ihn an und nannte ihn bei seinem Namen: „Cædmon, sing mir irgend etwas." (9) Da antwortete er
und sprach: „Nicht kann ich irgend etwas singen, und deshalb
ging ich von diesem Biergelage hinaus (fort) und begab mich
hierher, denn ich konnte nichts singen." (10) Wieder sagte er,
der mit ihm sprach: „Dennoch kannst du mir singen." (11) Er

---

appropinquare sibi citharam cernebat, surgebat a media cena
et egressus ad suam domum repedabat. (8) Quod dum tem-
pore quodam faceret et relicta domu convivii egressus esset
ad stabula iumentorum, quorum ei custodia nocte illa erat
delegata, ibique hora competenti membra dedisset sopori,
adstitit ei quidam per somnium eumque salutans, ac suo
appellans nomine: 'Cedmon', inquit, 'canta mihi aliquid.'
(9) At ille respondens: 'Nescio', inquit, 'cantare; nam et ideo
de convivio egressus huc secessi, quia cantare non poteram.'
(10) Rursum ille, qui cum eo loquebatur: 'Attamen', ait,

cwæþ hē: 'hwæt sceal ic sinȝan?' (12) cwæþ hē: 'sinȝ mē
frumsceaft'. (13) þā hē þā þās andsware onfēnȝ, þā onȝon
hē sōna sinȝan in herenesse ȝodes scyppendes þā fers ond
þā word, þe hē næfre ne ȝehȳrde, þǣra endebyrdnes þis is:

(14) Nū sculan heriȝean   heofonrīces weard,
    meotodes meahte   ond his mōdȝeþanc,
    weorc wuldorfæder,   swā hē wundra ȝehwæs,
    ēce drihten,   ōr onstealde.

    Hē ǣrest sceōp   eorþan bearnum
    heofon tō hrōfe,   hāliȝ scyppend;
    þā middanȝeard   moncynnes weard,

---

sagte: „Was soll ich singen?" (12) Sprach er: „Singe mir die
Schöpfung." (13) Als er da diese Antwort empfangen hatte,
da begann er bald zu singen zum Preise Gottes des Schöpfers
die Verse und die Worte, die er nie gehört hatte, deren Anordnung dies ist:[1])

(14) Nun wollen wir preisen des Himmelreichs Wächter,
    Des Schöpfers Macht und seine Vorbedacht,
    Das Werk des himmlischen Vaters, wie er zu einem
                    jeden der Wunder,
    Der ewige Herr, den Anfang setzte.
    Er schuf zuerst den Menschenkindern
    Den Himmel zum Dache, der heilige Schöpfer;
    Danach errichtete der Hüter des Menschengeschlechts,

'cantare habes.' (11) 'Quid', inquit, 'debeo cantare?' (12) Et
ille: 'Canta', inquit, 'principium creaturarum.' (13) Quo
accepto responso statim ipse coepit cantare in laudem Dei
conditoris versus, quos numquam audierat, quorum iste est
sensus:
    (14) 'Nunc laudare debemus auctorem regni caelestis,
potentiam creatoris et consilium illius, facta patris gloriae,
quomodo ille, cum sit aeternus Deus, omnium miraculorum
auctor extitit, qui primo filiis hominum caelum pro culmine
tecti, dehinc terram custos humani generis omnipotens
creavit.'

---

[1]) Vgl. das nordhumbrische Original auf S. 127.

ēce drihten, æfter tēode
fīrum foldan, frēa ælmihtiȝ.

(15) þā ārās hē from þǣm slǣpe ond eal, þā þe hē slǣp-
ende sonȝ, fæste in ȝemynde hæfde ond þǣm wordum sōna
moniȝ word in þæt īlce ȝemet ȝode wyrþes sonȝes tō ȝe-
þēodde. (16) þā cōm hē on morȝenne tō þǣm tūnȝerēfan,
sē þe his ealdormon wæs, sæȝde him, hwylce ȝife hē onfēnȝ,
ond hē hine sōna tō þǣre abbudissan ȝelǣdde ond hire
þæt cȳþde ond sæȝde. (17) þā heht hēo ȝesomnian ealle þā
ȝelǣredestan men ond þā leorneras ond him andweardum
hēt secȝan þæt swefn ond þæt lēoþ sinȝan, þætte ealra
heora dōme ȝecoren wǣre, hwæt oþþe hwonon þæt cumen

Der ewige Herr, den Erdkreis,
Den Menschen die Erde, der allmächtige Gebieter.

(15) Da erhob er sich aus dem Schlafe, und alles, was er
schlafend gesungen hatte, hatte er fest im Gedächtnis, und
den Worten fügte er bald manches Wort in derselben angemessenen Weise eines gottwürdigen Gesanges hinzu. (16)
Da kam er am Morgen zu dem Ortsverwalter, der sein Vorgesetzter war, sagte ihm, welche Gabe er empfangen hatte,
und dieser führte ihn alsbald zu der Äbtissin und tat ihr das
kund und erzählte (es). (17) Da hieß sie alle die gelehrtesten
Männer und Gelehrten sich versammeln, und in ihrer Gegenwart hieß sie jenen Traum erzählen und jenes Lied singen,
damit durch ihrer aller Urteil entschieden würde, was es

(Hic est sensus, non autem ordo ipse verborum, quae dormiens ille canebat; neque enim possunt carmina, quamvis
optime composita, ex alia in aliam linguam ad verbum sine
detrimento sui decoris ac dignitatis transferri.)
(15) Exsurgens autem a somno cuncta, quae dormiens can-
taverat, memoriter retinuit et eis mox plura in eundem mo-
dum verba Deo digni carminis adiunxit. (16) Veniensque
mane ad vilicum, qui sibi praeerat, quid doni percepisset,
indicavit atque ad abbatissam perductus (17) iussus est mul-
tis doctioribus viris praesentibus indicare somnium et dicere
carmen, ut universorum iudicio, quid vel unde esset, quod

wǣre. (18) þā wæs him eallum ʒeseʒen, swā swā hit wæs,
þæt him wǣre from drihtne sylfum heofonlīc ʒifu forʒifen.
(19) þā rehton hēo him ond sæʒdon sum hāliʒ spell ond
ʒodcundre lāre word, bebudon him þā, ʒif hē meahte,
þæt hē in swinsunʒe lēoþsonʒes þæt ʒehwyrfde. (20) þā hē
þā hæfde þā wīsan onfonʒne, þā ēode hē hām tō his hūse
ond cwōm eft on morʒen ond þȳ betstan lēoþe ʒeʒlenʒed
him āsonʒ ond āʒeaf, þæt him beboden wæs.

(21) þā onʒan sēo abbuđisse clyppan ond lufiʒean þā
ʒodes ʒife in þǣm men, ond hēo hine þā monade ond lǣrde,
þæt hē woruldhād forlēte ond munuchāde onfēnʒe. (22)
ond hē þæt wel þafode, ond hēo hine in þæt mynster on-

(wäre) oder woher es gekommen wäre. (18) Da wurde von
ihnen allen erachtet, so wie es (wirklich) war, daß ihm von
dem Herrn selber die himmlische Gabe verliehen wäre. (19)
Da erklärten und erzählten sie ihm eine heilige Geschichte
und Worte der göttlichen Lehre, trugen ihm dann auf, wenn
er könnte, daß er das in den Wohllaut einer Dichtung um-
wandelte. (20) Als er da den Auftrag empfangen hatte, da
ging er heim zu seinem Hause und kam wieder am Morgen,
und mit dem besten Gedichte geschmückt, trug er ihnen vor
und gab wieder, was ihm aufgetragen war.

(21) Da begann die Äbtissin zu schätzen und zu lieben die
Gottesgabe in dem Mann, und sie ermahnte und belehrte ihn
da, daß er den Laienstand aufgäbe und den Mönchsstand
annähme. (22) Und er billigte das wohl, und sie nahm ihn in
das Kloster auf mit seiner Habe und gesellte ihn zu der Schar
der Diener Gottes und ließ ihn unterrichten in der Erzählung

referebat, probaretur. (18) Visumque est omnibus caelestem
ei a domino concessam esse gratiam. (19) Exponebantque illi
quemdam sacrae historiae sive doctrinae sermonem, prae-
cipientes eum, si posset, hunc in modulationem carminis
transferre. (20) At ille suscepto negotio abiit et mane rediens
optimo carmine, quod iubebatur, compositum reddidit.

(21) Unde mox abbatissa amplexata gratiam Dei in viro,
saecularem illum habitum relinquere et monachicum sus-
cipere propositum docuit. (22) Susceptumque in monasterium
cum omnibus suis fratrum cohorti adsociavit iussitque illum

fēnჳ mid his ჳōdum ond hine ჳeþēodde tō ჳesomnunჳe
þāra ჳodes þēowa ond heht hine lǣran þæt ჳetæl þæs hālჳan stæres ond spelles. (23) ond hē eal, þā hē in ჳehȳrnesse
ჳeleornian meahte, mid hine ჳemyndჳade ond, swā swā
clǣne nēten, eodorcende in þæt swēteste lēoþ ჳehwerfde.
(24) ond his sonჳ ond his lēoþ wǣron swā wynsumu tō
ჳehȳranne, þætte þā seolfan his lārēowas æt his mūþe
writon ond leornodon. (25) sonჳ hē ǣrest be middanჳeardes
ჳesceape ond bī fruman moncynnes ond eal þæt stær Genesis (þæt is **sēo** ǣreste Mōyses bōc), ond eft bī ūtჳonჳe
Israhēla folces of Æჳypta londe ond bī inჳonჳe þæs ჳehāt-
landes ond bī ōþrum moneჳum spellum þæs hālჳan ჳewri-
tes cānones bōca ond bī Crīstes menniscnesse ond bī his
þrōwunჳe ond bī his upāstīჳnesse in heofonas ond bī þæs

---

der heiligen Geschichte und des Evangeliums. (23) Und er
behielt (bei sich) alles im Gedächtnis, was er nach dem Gehör kennenlernen konnte, und gleichsam wie ein reines Tier
wandelte er es wiederkäuend in das lieblichste Lied um.
(24) Und sein Gesang und seine Lieder waren so wonnesam
anzuhören, daß seine Lehrer dieselben von seinem Munde
aufschrieben und lernten. (25) Er sang zuerst von der Schöpfung der Erde und von dem Anfang des Menschengeschlechts
und die ganze Geschichte der Genesis (das ist das erste Buch
Mose), und danach vom Auszug des Volkes Israel aus dem
Lande der Ägypter [= Exodus] und vom Einzuge in das
gelobte Land und von vielen anderen Erzählungen der kano-
nischen Bücher der heiligen Schrift und von Christi Menschwerdung und von seinem Leiden und von seinem Aufstieg in
den Himmel (= seiner Himmelfahrt) und von des heiligen

---

seriem sacrae historiae doceri. (23) At ipse cuncta, quae
audiendo discere poterat, rememorando secum et quasi mun-
dum animal ruminando in carmen dulcissimum convertebat.
(24) suaviusque resonando doctores suos vicissim auditores
sui faciebat. (25) Canebat autem de creatione mundi et origine
humani generis et tota Genesis historia, de egressu Israel ex
Aegypto et ingressu in terram repromissionis, de aliis plu-
rimis sacrae scripturae historiis, de incarnatione dominica,
passione, resurrectione et ascensione in caelum, de spiritus

hālʒan ʒāstes cyme ond þāra apostola lāre (26) ond eft bī
þǣm eʒe þæs tōweardan dōmes ond bī fyrhtu þæs tin-
treʒlīcan wītes ond bī swētnesse þæs heofonlecan rīces hē
moniʒ lēoþ ʒeworhte, ond swelce ēac ōþer moniʒ be þǣm
ʒodcundum fremsumnessum ond dōmum hē ʒeworhte.
(27) on eallum þǣm hē ʒeornlīce ʒēmde, þæt hē men ātuʒe
from synna lufan ond māndǣda ond tō lufan ond tō
ʒeornfulnesse āwehte ʒōdra dǣda. (28) forþon hē wæs, sē
mon, swīþe ǣfæst ond reʒollecum þēodscipum ēaþmōdlīce
underþēoded, ond wiþ þǣm, þā þe on ōþre wīsan dōn woldon, hē wæs mid welme micelre ellenwōdnisse onbærned;
(29) ond hē forþon fæʒre ende his līf betȳnde ond ʒeendade[1]).

Geistes Ankunft und der Apostel Lehre, (26) und ferner ver-
faßte er manches Lied von dem Schrecken des zukünftigen
Gerichtes und von dem Grauen der qualvollen Strafe und der
Lieblichkeit des himmlischen Reiches, und ebenso machte er
auch manches andere über die göttlichen Wohltaten und
Gerichte. (27) In allen diesen strebte er eifrig danach, daß er
die Menschen abzöge von der Liebe (der) zu Sünden und
Freveltaten und sie ermunterte zur Liebe und zum Eifer (der)
zu guten Taten. (28) Denn (er) es war dieser Mann sehr
fromm und den von der Regel vorgeschriebenen Satzungen
demütig ergeben, und gegen die, welche auf andere Weise
handeln wollten, war er mit der Glut großen Eifers entbrannt;
(29) und deshalb beschloß und beendete er sein Leben mit
einem schönen Ende.

sancti adventu et apostolorum doctrina. (26) Item de terrore
futuri iudicii et horrore poenae gehennalis ac dulcedine regni
caelestis multa carmina faciebat; sed et alia perplura de bene-
ficiis et iudiciis divinis, (27) in quibus cunctis homines ab
amore scelerum abstrahere, ad dilectionem vero et solertiam
bonae actionis excitare curabat. (28) Erat enim vir multum
religiosus et regularibus disciplinis humiliter subditus, ad-
versum vero illos, qui aliter facere volebant, zelo magni fer-
voris accensus. (29) Unde et pulchro vitam suam fine conclusit.

[1]) Textabdruck nach Zupitza-Schipper; ferner bei M. Förster und Funke-
Jost (mit der lat. Vorlage), F. Kluge und G. T. Flom u. a.

Das nordhumbrische Original von Cædmons Hymnus[1]).

Nū scylun herȝan   hefaen-rīcaes uard,
metudæs maecti   end his mōd-ȝidanc,
uerc uuldur-fadur,   suē hē uundra ȝihuaes,
ēci dryctin,   ōr āstelidæ.
Hē ǣrist scōp   aelda barnum
heben til hrōfe,   hāleȝ sce(p)pen(d);
thā middun-ȝeard   mon-cynnæs uard,
ēci dryctin   æfter tīadæ
firum foldu,   frēa allmectiȝ[2]).

Primo cantavit Caedmon istud carmen.

2. Die Sachsenchronik von 867–877 (Parker Hs.).

Die Sachsenchronik ist die beste Geschichtsquelle für die
ae. Zeit zwischen Beda und der normannischen Eroberung.
Zugleich bietet sie das beste Beispiel für die frühe ae. Prosa.
Die Darstellung ist unpersönlich. Der im folgenden abge-
druckte Bericht der Parker-Chronik (früher im Besitz des
Erzbischofs Parker, jetzt Corpus Christi- College, Cambridge,
MS 173, folios 1–32)[3]) führt uns in zeiten Jahre dramatisch
bewegter ae. Geschichte, in die Zeit der Besitzergreifung
Angliens durch die Skandinavier (§ 8); er zeigt uns anschau-
lich die verzweifelte Lage, in der sich der erst 22jährige
westsächsische König Alfred (§ 9) bei seinem Regierungsantritt (871) befand. Es ist eine Zeit tiefgehender Umgestal-
tung altenglischer Verhältnisse.

---

[1]) A. H. Smith, Three Northumbrian Poems, London 1933. (Methuen's
Old English Library A. 1.). Repr. 1968. — Charles W. Kennedy, The
Caedmon Poems Translated into English Prose, London 1916, repr. by
Peter Smith, Gloucester, Mass., 1965.

[2]) Ins Wörterbuch haben wir nur die Wortformen der vorausgehenden ws.
Fassung (S. 122f.) aufgenommen.

[3]) Abdruck bei A. H. Smith, The Parker Chronicle (832—900), London
1935. (Methuen's Old English Library B 1.) Daselbst alles Nähere. Die sog.
Parker Hs. ist die älteste von sieben Handschriften der Sachsenchronik
(ags. Annalen), die bis zum Jahre 1154 reicht. Ausgabe (mit Übersetzung)
von C. Plummer, Oxford 1892. Eine Übersetzung findet sich auch in der
'Everyman's Library'. — D. Whitelock et al. (Transl.), The Anglo-Saxon
Chronicle, London 1962. — C. Sprockel, The Language of the Parker
Chronicle, The Hague, Vol. I, 1965; Vol. II, 1973. — A. Shannon, Syntax of the
Parker MS from 734—891, The Hague 1964.

Anno 867. (1) Hēr fōr sē here of Eastenʒlum ofer Humbre mūþan tō Eoforwīcceastre on Norþhymbre. (2) And þǣr wæs micel unʒeþuǣrnes þǣre þēode betweox him selfum and hīe hæfdun hiera cyninʒ āworpenne Osbryht and unʒecyndne cyninʒ underfēnʒon Ællan; (3) and hīe late on.ʒēare tō þām ʒecirdon, þæt hīe wiþ þone here winnende wǣrun, and hīe þēah micle fierd ʒeʒadrodon and þone here sōhton æt Eoforwīcceastre and on þā ceastre brǣcon, and hīe sume inne wurdon. (4) and þǣr was unʒemetlīc wæl ʒeslæʒen Norþanhymbra, sume binnan, sume būtan, and þā cyninʒas bēʒen ofslæʒene, and sīo lāf wiþ þone here friþ nam. (5) And þȳ īlcan ʒēare ʒefōr Ealchstān biscop and hē hæfde þæt biscoprīce L winter æt Scīreburnan, and his līc liþ þǣr on tūne.

Anno 868. (6) Hēr fōr sē īlca here innan Mierce tō

867. (1) Hier zog das (Wikinger-)Heer von Ostanglien über die Humbermündung nach York in Nordhumbrien. (2) Und dort herrschte große Zwietracht des Volkes untereinander, und sie hatten ihren König Osbryht gestürzt und den unrechtmäßigen König Ælla aufgenommen; (3) und sie (wohl Osbryht und Ælla)[1]) wandten sich spät im Jahre dazu, daß sie gegen das (Wik.) Heer kämpfend waren (= sich mit dem Heer in einen Kampf einließen), und sie sammelten dennoch ein großes Heer und griffen das (Wik.) Heer bei York an und brachen in die Stadt ein, und einige von ihnen waren darin. (4) Und da wurde ein ungeheures Gemetzel unter den Nordhumbriern geschlagen (angestellt) drinnen und draußen und die Könige beide erschlagen, und der Rest schloß mit dem (Wik.) Heere Frieden. (5) Und in demselben Jahre starb Bischof Ealchstan, und er hatte das Bistum 50 Jahre in Sherborne (Dorset)[2]) innegehabt; und sein Leichnam ruht dort in der Stadt.

868. (6) Hier zog dasselbe Heer in Mercien ein nach Not-

---

[1]) Vgl. Simeon von Durham, Historia Regum (Surtees Society 51), 48: „discordia illa sedata est; rex vero Osbryht et Alla, adunatis viribus, congregatoque exercitu, Eboracum adeunt oppidum."
[2]) Vgl. zu den hier genannten Orten die Karte auf S. 10.

Snotenȝahām and þǣr wintersetl nāmon. (7) And Burȝrǣd
Miercna cyninȝ and his wiotan bǣdon Æþered West-
seaxna cyninȝ and Ælfred his brōþur, þæt hīe him ȝefultu-
madon, þæt hīe wiþ þone here ȝefuhton. (8) And þā fērdon
hīe mid Wesseaxna fierde innan Mierce oþ Snotenȝahām.
(9) and þone here þǣr mētton on þām ȝeweorce *and hīe
hine inne besǣton*[1]). (10) and þǣr nān hefelīc ȝefeoht ne
wearþ and Mierce friþ nāmon wiþ þone here.

Anno 869. (11) Hēr fōr sē here eft tō Eoforwīcceastre
and þǣr sæt i ȝēar.

Anno 870. (12) Hēr rād sē here ofer Mierce innan
Eastenȝle and wintersetl nāmon æt þēodforda. (13) And
þȳ wintre Ēadmund cyninȝ him wiþfeaht. (14) and þā
Deniscan siȝe nāmon and þone cyninȝ ofslōȝon and þæt
lond all ȝeēodon.

(15) And þȳ ȝēare ȝefōr Cēolnōþ ǣrcebiscop.

Anno 871. (16) Hēr cuōm sē here tō Rēadinȝum on

───────────────

tingham und nahm (bezog) dort Winterquartier. (7) Und
Burgræd, der König der Mercier, und seine Ratgeber baten
Æthered, den König der Westsachsen, und Alfred, seinen
Bruder, daß sie ihnen hülfen, daß sie gegen das (Wik.) Heer
kämpften (= gegen das Heer zu kämpfen). (8) Und da zogen
sie mit dem Heer der Westsachsen nach Mercien hinein bis
Nottingham. (9) Und das (Wik.) Heer trafen sie dort in dem
Festungswerk, und sie belagerten es darin. (10) Und da fand
kein schwerer Kampf statt, und die Mercier schlossen mit
dem (Wik.) Heere Frieden.

869. (1) Hier zog das Heer wieder nach York und lagerte
dort ein Jahr.

870. (12) Hier ritt das Heer über Mercien nach Ostanglien
und bezog Winterquartier in Thetford (Norf.). (13) Und in
diesem Winter kämpfte König Eadmund gegen es. (14) Und
die Dänen errangen den Sieg und erschlugen den König und
überrannten (eroberten) das ganze Land.

(15) Und in diesem Jahre starb Erzbischof Ceolnoth.

871. (16) Hier kam das Heer nach Reading (Berks.) in

[1]) Das kursiv Gedruckte ist nach anderen Handschriften ergänzt.

Westseaxe and þæs ymb iii niht ridon ii eorlas up. (17) þā ӡemētte hīe Æþelwulf aldorman on Enӡlafelda and him þǣr wiþ ӡefeaht and siӡe nam. (18) þæs ymb iiii niht Æþered cyninӡ and Ælfred his brōþur þǣr micle fierd tō Rēadinӡum ӡelǣddon and wiþ þone here ӡefuhton, and þǣr wæs micel wæl ӡeslæӡen on ӡehwæþre hond and Æþelwulf aldormon wearþ ofslæӡen and þā Deniscan āhton wælstōwe ӡewald. (19) And þæs ymb iiii niht ӡefeaht Æþered cyninӡ and Ælfred his brōþur wiþ alne þone here on Æscesdūne, and hīe wǣrun on twǣm ӡefylcum; on ōþrum wæs Bachsecӡ and Halfdene þā hæþnan cyninӡas and on ōþrum wǣron þā eorlas. (20) and þā ӡefeaht sē cyninӡ Æþered wiþ þāra cyninӡa ӡetruman — and þǣr wearþ sē cyninӡ Baӡsecӡ ofslæӡen — and Ælfred his brōþur

---

Wessex und drei Nächte[1]) danach ritten zwei Fürsten heran. (17) Da traf sie Fürst Æthelwulf in Englefield (Berks.) und kämpfte dort gegen sie und errang den Sieg. (18) Vier Nächte danach führten König Æthered und sein Bruder Alfred dort ein großes Heer nach Reading und kämpften gegen das (Wik.) Heer, und da wurde ein großes Gemetzel auf beiden Seiten angerichtet, und Fürst Æthelwulf wurde erschlagen, und die Dänen hatten die Herrschaft über die Walstatt (= bedeckten das Schlachtfeld). (19) Und vier Nächte danach kämpfte(n)[2]) König Æthered und sein Bruder Alfred gegen das ganze Heer in Ashdown, und sie waren in zwei Abteilungen; auf der einen war(en)[2]) Bachsecg und Halfdene[3]), die heidnischen Könige, und auf der anderen waren die Fürsten. (20) Und da kämpfte der König Æthered gegen die Truppe der Könige — und da wurde der König Bagsecg erschlagen — und sein Bru-

---

[1]) Über die altgerm. Zählung nach Nächten statt nach Tagen berichtet Tacitus, Germ. 11: „nec dierum numerum, ut nos, sed noctium computant"; vgl. ne. *sennight, fortnight.* Ähnlich zählte man die Jahre nach Wintern.

[2]) Solche Fälle von Inkongruenz zwischen Subjekt und Prädikat, zumal wenn letzteres vorausgeht, sind im Ae. häufig (vgl. S t o e l k e, Anglistische Forschungen, hsg. von J. Hoops, Bd. 49); sie finden sich auch in allen anderen Sprachen.

[3]) Über die Namen der dänischen Führer vgl. E. Björkman, Zur englischen Namenkunde, Halle 1910, 1912, und S. 30[2].

wiþ þāra eorla ʒetruman — and þǣr wearþ Sidroc eorl
ofslæʒen sē alda and Sidroc eorl sē ʒioncʒa and Osbearn
eorl and Frǣna eorl and Hareld eorl; and þā herʒas bēʒen
ʒeflīemde— and fela þūsenda ofslæʒenra— and onfeohtende
wǣron oþ niht. (21) And þæs ymb xiiii niht ʒefeaht
Æþered cyninʒ and Ælfred his brōþur wiþ þone here æt
Basenʒum, and þǣr þā Deniscan siʒe nāmon. (22) And
þæs ymb ii mōnaþ ʒefeaht Æþered cyninʒ and Ælfred his
brōþur wiþ þone here æt Meretūne — and hīe wǣrun on
tuǣm ʒefylcium — and hīe būtū ʒeflīemdon and lonʒe on
dæʒ siʒe āhton; (23) and þǣr wearþ micel wælsliht on
ʒehwæþere hond and þā Deniscan āhton wælstōwe ʒe-
wald; and þǣr wearþ Hēahmund biscop ofslæʒen and fela
ʒōdra monna. (24) And æfter þissum ʒefeohte cuōm micel

---

der Alfred gegen die Truppe der Fürsten — und da wurde
Fürst Sidroc der Ältere erschlagen und Fürst Sidroc der
Jüngere und Fürst Osbearn und Fürst Fræna und Fürst
Hareld; und die Heere waren (wurden) beide in die Flucht
geschlagen — und viele Tausende von Erschlagenen (waren
da) — und sie kämpften bis in die Nacht hinein. (21) Und vier-
zehn Nächte danach kämpften König Æthered und sein
Bruder Alfred gegen das (Wik.) Heer bei Basing (Hants), und
dort errangen die Dänen den Sieg. (22) Und zwei Monate
danach kämpften König Æthered und sein Bruder Alfred
gegen das (Wik.) Heer bei Meretun — und sie waren in zwei
Abteilungen — und sie schlugen beide in die Flucht, und den
ganzen Tag lang hatten sie den Sieg (= waren sie siegreich);
(23) und da ward ein großer tödlicher Kampf auf beiden
Seiten, und die Dänen hatten die Herrschaft über die Walstatt (= lagen auf dem Schlachtfeld)[1]); und da wurde
Bischof Heahmund erschlagen und viele gute Männer.
(24) Und nach diesem Kampfe kam ein großes Sommerheer

---

[1]) Bei dieser Übersetzung lösen sich Smiths Zweifel, a. a. O. S. 18 unten:
"there is an apparent contradiction in the Danes being put to flight and yet
gaining possession of the battlefield" ohne weiteres auf; vgl. dazu Beowulf
Vers 1214a: *hrēawic hēoldon* = hatten die Leichenstätte inne = lagen auf
dem Schlachtfeld (Hoops, Kommentar).

sumorlida. (25) And þæs ofer ēastron ȝefōr Æþered cyninȝ
— and hē rīcsode v ȝēar, and his līc līþ æt Wīnburnan.

(26) þā fēnȝ Ælfred Æþelwulfinȝ his brōþur tō Wesseaxna
rīce; and þæs ymb ānne mōnaþ ȝefeaht Ælfred cyninȝ wiþ
alne þone here lȳtle werede æt Wīltūne and hine lonȝe on
dæȝ ȝeflīemde, and þā Deniscan āhton wælstōwe ȝewald.

(27) And þæs ȝēares wurdon viiii folcȝefeoht ȝefohten
wiþ þone here on þȳ cynerīce besūþan Temese, būtan þām
þe him Ælfred þæs cyninȝes brōþur and ānlīþiȝ aldormon
and cyninȝes þeȝnas oftrade onridon, þe mon nā ne rīmde.
(28) And þæs ȝēares wærun ofslæȝene viiii eorlas and ān
cyninȝ. (29) And þȳ ȝēare nāmon Westseaxe friþ wiþ þone
here.

Anno 872. (30) Hēr fōr sē here tō Lundenbyriȝ from
Rēadinȝum and þær wintersetl nam; and þā nāmon
Mierce friþ wiþ þone here.

---

(25) Und nach Ostern starb König Æthered — und er hatte
fünf Jahre regiert, und sein Leichnam ruht in Wimborne
(Dorset).

(26) Da trat sein Bruder Alfred Æthelwulfing die Regierung
über Wessex an; und einen Monat danach kämpfte König
Alfred gegen das ganze (Wik.) Heer mit einer kleinen Schar
bei Wilton (Wilts.) und schlug es den ganzen Tag lang in die
Flucht, und die Dänen hatten die Herrschaft über die Walstatt (= bedeckten das Schlachtfeld).

(27) Und in diesem Jahre wurden neun Schlachten gegen
das (Wik.) Heer geschlagen in dem Königreich südlich der
Themse, außer denen, welche ihnen Alfred, des Königs Bruder, und ein einzelner Fürst und des Königs Gefolgsmannen
häufig lieferten, die man nicht aufzählen kann. (28) Und in
diesem Jahre wurden neun Fürsten und ein König erschlagen. (29) Und in diesem Jahre schlossen die Westsachsen mit
dem (Wik.) Heere Frieden.

872. (30) Hier zog das (Wik.) Heer von Reading nach London und bezog dort Winterquartier; und da schlossen die
Mercier Frieden mit dem Heere.

Anno 873. (31) Hēr fōr sē here on Norþhymbre and hē
nam wintersetl on Lindesse æt Turecesīeȝe, and þā nāmon
Mierce friþ wiþ þone here.

Anno 874. (32) Hēr fōr sē here from Lindesse tō Hreopedūne and þǣr wintersetl nam. (33) and þone cyninȝ
Burȝrǣd ofer sǣ ādrǣfdon ymb xxii wintra þæs þe hē rīce
hæfde and þæt lond all ȝeēodon; (34) and hē fōr tō Rōme
and þǣr ȝesæt and his līc līþ on Sancta Marian ciricean on
Anȝelcynnes scōle. (35) And þȳ īlcan ȝēare hīe sealdon
Cēolwulfe ānum unwīsum cyninȝes þeȝne Miercna rīce tō
haldanne, and hē him āþas swōr and ȝīslas salde, þæt hē
him ȝearo wǣre swā hwelce dæȝe swā hīe hit habban wol-
den and hē ȝearo wǣre mid him selfum and on allum þām
þe him lǣstan woldon tō þæs heres þearfe.

Anno 875. (36) Hēr fōr sē here from Hreopedūne. (37)
and Healfdene fōr mid sumum þām here on Norþhymbre

---

873. (31) Hier zog das (Wik.) Heer nach Nordhumbrien,
und es bezog Winterquartier in Lindsey (Lincs.) bei Torksey
(Lincs.), und darauf schlossen die Mercier Frieden mit dem
Heere.
874. (32) Hier zog das Heer von Lindsey nach Repton
(Derby) und bezog dort Winterquartier. (33) Und den König
Burgræd vertrieben sie über das Meer, nachdem er zweiund-
zwanzig Jahre die Regierung geführt hatte und überrannten
(eroberten) das ganze Land; (34) und er ging nach Rom und
ließ sich dort nieder, und sein Leichnam ruht in der Sankt
Marienkirche in dem Engländerviertel (Roms). (35) Und in demselben Jahre übergaben sie Ceolwulf, einem törichten Gefolgsmann des Königs, das Reich der Mercier zu regieren, und
er schwur ihnen Eide und gab Geiseln, daß er für sie bereit
wäre, an welchem Tage auch immer sie es haben wollten, und
(daß) er bereit wäre mit sich selbst und allen denen, die ihm
für die Sache des (Wik.) Heeres Folge leisten wollten.
875. (36) Hier zog das (Wik.) Heer von Repton fort. (37)
Und Healfdene zog mit einem Teil des Heeres nach Nord-

and nam wintersetl be Tīnan þǣre ēi. (38) and sē here
þæt lond ʒeēode and oft herʒade on Peohtas and on
Stræcled-Walas. (39) And fōr Godrum and Oscytel and
Anwynd, þā iii cyninʒas, of Hreopedūne tō Grantebrycʒe
mid micle here and sǣton þǣr ān ʒēar. — (40) And þȳ
sumera fōr Ælfred cyninʒ ūt on sǣ mid sciphere and ʒe-
feaht wiþ vii sciphlæstas and hiera ān ʒefēnʒ and þā ōþru
ʒeflīemde.

Anno 876. (41) Hēr hiene bestæl sē here intō Werhām
Wesseaxna fierde, and wiþ þone here sē cyninʒ friþ nam.
(42) *And him þā ʒīslas sealdon, þe on þǣm here weorþoste
wǣron* and him þā āþas swōron on þām hālʒan bēaʒe — þe
hīe ǣr nānre þēode noldon — þæt hīe.hrædlīce of his rīce
fōren. (43) and hīe þā under þām hīe nihtes bestǣlon þǣre

---

humbrien und bezog Winterquartier an dem Flusse Tyne.
(38) Und das Heer überrannte das Land und plünderte oft
bei den Pikten und Strathclyde-Briten. (39) Und es zog(en)
Godrum und Oscytel und Anwynd, die drei Könige, von
Repton nach Cambridge mit einem großen Heere und lager-
ten dort ein Jahr. — (40) Und in diesem Sommer fuhr König
Alfred mit einem Schiffsheer (einer Flotte) hinaus auf das
Meer und kämpfte gegen sieben Schiffslasten (Besatzungen)
und nahm eine von ihnen gefangen, und die anderen (Schiffe)
schlug er in die Flucht.
876. (41) Hier stahl sich das (Wik.) Heer vor dem Heere
der Westsachsen nach Wareham (Dorset) fort, und der König
schloß mit dem (Wik.) Heere Frieden. (42) Und sie gaben ihm
die Geiseln, die in dem Heere am wertvollsten waren, und
schwuren ihm die Eide über dem heiligen Ringe[1]) — die sie
ehedem keinem Volke (zu schwören) pflegten — daß sie eilends
aus seinem Reiche ziehen würden. (43) Und sie, das berittene
(Wik.) Heer, stahlen sich dann unter diesen (Bedingungen)
nachts vor dem (westsächs.) Heere nach Exeter (Devon)

---

[1]) der im heidnischen Tempel aufbewahrt wurde und auf den besonders
in skand. Quellen angespielt wird (s. J. Hoops, Reallexikon, unter 'Eid').

fierde, sē ȝehorsoda here, intō Escanceaster. — (44) And
þȳ ȝēare Healfdene Norþanhymbra lond ȝedælde, and
erȝende wǣron and hiera tilȝende.

Anno 877. (45) Hēr cuōm sē here intō Escanceastre
from Werhām, and sē sciphere siȝelede west ymbūtan;
and þā mētte hīe micel ȳst on sǣ; and þǣr forwearþ cxx
scipa æt Swanawīc. (46) and sē cyninȝ Ælfred æfter þām
ȝehorsudan here mid fierde rād oþ Exanceaster. (47) and
hīe hindan ofrīdan ne meahte, ǣr hīe on þām fæstene
wǣron; þǣr him mon tō ne meahte. (48) and hīe him þǣr
foreȝīslas saldon — swā fela swā hē habban wolde — and
micle āþas swōron and þā ȝōdne friþ hēoldon. (49) and
þā on hærfeste ȝefōr sē here on Miercna lond and hit
ȝedǣldon sum and sum Cēolwulfe saldon.

---

fort. — (44) Und in diesem Jahre teilte Healfdene das Land
der Nordhumbrier auf, und sie begannen zu pflügen (wörtl.:
waren pflügend) und für sich (selber) zu sorgen[1]).
877. (45) Hier kam das (Wik.) Heer von Warcham nach
Exeter, und die (Wik.) Flotte segelte nach Westen ringsherum
(= die Küste entlang); und da traf sie ein großer Sturm auf
dem Meere; und da ging(en)[2] 120 Schiffe bei Swanage (Dorset) unter. (46) Und der König Alfred ritt mit einem Heere
dem berittenen (Wik.) Heer bis Exeter nach. (47) Und er
konnte sie von hinten nicht einholen, bevor sie in der Festung
waren; dort konnte man nicht an sie heran. (48) Und dort
gaben sie ihm vornehme Geiseln — so viele wie er haben
wollte — und schwuren viele Eide und hielten da guten Frieden. (49) Und im Herbst zog dann das (Wik.) Heer in das
Land der Mercier ab, und sie teilten es zum Teil auf, und den
Rest überließen sie Ceolwulf.

[1]) Die erste Nachricht über Ansiedlung von Skandinaviern in England.
— Zur ae. 'expanded form' vgl. S. 103[1].
[2]) Vgl. S. 130[2].

V. Wörterbuch

Mit **Vorsilben** zusammengesetzte Wörter (außer *un·*)
suche man unter dem Grundwort. Im Alphabet folgt *æ* auf *a*,
þ auf *t*. Die Buchstaben hinter einem **Subst.** bezeichnen Geschlecht und Stammbildung (k = konsonantisch), hinter
einem **Verb** die Konjugation; die Zahlen ebenda die Ablautsreihen und schwachen Klassen (vgl. Holthausen, Beowulf-Ausgabe, II. Teil). Das Paradigma für die Bezeichnungen ma.
und na. findet sich z. B. in § 53, für fō. in § 55, für fk.[1] in § 59,
für mk.[4] in § 62; abl. I. usw. weist auf § 75, red. I. usw. auf
§ 76, sw. I. usw. auf § 77, Prt. Prs. I. usw. auf § 78.

a, *ō* immer; got. *aiw* (A. von
   aiws Zeit)
ā- Präf. er-, z. B. in *-rīsan*;
   afr. as. ahd. *ā-*
abbudisse fk.[1] Äbtissin; ne.
   abbess, < lat. *abbātissa*
ac sondern, aber, (je)doch;
   got. *ak*, vgl. lat. *age* wohlan!
āʒan Prt. Prs. I. (zu eigen)
   haben, besitzen; ne. *owe*,
   got. *aigan*
āhte, *-on* s. *āʒan*
ald- s. *eald-*
al(l) s. *eal(l)*
ān (§§ 21, 3; 74 a) ein, einzig,
   allein
and und; ne. *and*, as. *ande*,
   endi
andswaru fō. Antwort; ne.
   answer, zu *swerian*
andswerian (§ 47) sw. II. antworten; ne. *answer*, zu *andswaru*
andweard gegenwärtig, anwesend; got. *andwairþs*
   him ~*um* in ihrer Gegenwart

Anʒelcynn nja. Angelnvolk
   (= englisches Volk, England, s. § 6); ~*þēod* fō.
   dass.
ānlēpe (angl.), *-lī(e)pe* (ws.)
   einzeln, einzig; zu *hlēapan*
ānlīpiʒ s. *ānlēpe*
apostol ma. Apostel; ne.
   apostle, < lat. *apostolus* <
   gr.
ār fō. Ehre, Gnade; aisl. *eir*
   Schonung, Friede
   ~*fæstniss* fjō. Frömmigkeit
āscian sw. II. fragen; ne. *ask*,
   ahd. *eiscōn* (nhd. *heischen*
   kontaminiert mit *heißen*)
āþ ma. Eid; ne. *oath*, got. *aiþs*

æ, *æw* fi. Gesetz, Religion,
   Bibel, Ehe; ahd. afr. *ēwa*
   Gesetz, Ehe; < urg. *aiwiz; unflekt. ae. *æ* im Sg.
   und N. A. Pl. neben G. D.
   Sg. *æwe*, wonach auch ein
   N. A. *æw* gebildet wird
   ~*fæst* glaubensfest, fromm

~fæstniss, -ness fjō. Glaubensfestigkeit, Frömmigkeit

ǣfre jemals; ne. ever, wohl < *ā-in-fēore immer im Leben' (Horn, Sprachkörper § 75), zu feorh; vgl. ahd. ēo-(i)n-altre

æfter Präp. nach, hinter; Adv. darauf; ne. after, as. ahd. aftar

ǣ3hwylč, -hwilč, -hwelč (§ 68 a) jeder, wer immer; ne. each; ahd. ēo-gihwelih, zu 3ehwylč

ælmihti3 (§ 31, 6 d) allmächtig; ne. almighty, ahd. alamahtīg

ǣr Adv. eher, zuvor, früher; Präp. vor; Konj. ehe, bevor; ne. ere, got. airis

ærčebisc(e)op ma. Erzbischof; ae. ærče-, arče-, erče- < lat. archi: < gr., ne. archbishop

ǣrest (§ 74 b) zuerst, erst; ne. erst, zu ǣr

Æsces-dūn Ashdown

æt bei, in; ne. at, as. aisl. got. at, lat. ad (§ 48, 2)

æpele adlig, edel, berühmt; ahd. edili

æpelin3 (§ 31 6 d) ma. Edler, Fürst; ahd. ediling, zu æpele

Æpelwulfin3 Beiname Alfreds des Großen; er war der vierte Sohn Æthelwulfs

3e-bād s. -bīdan
bǣdon s. biddan
band s. bindan

on-bærnan (§ 31, 1 a) sw. I. entflammen,-brennen; got. inbrannjan

be s. bī

bēa3, bē3 ma. Ring; ahd. baug

bearn na. Kind, Sohn; ne. schott. bairn, as. ahd. aisl. got. barn, abl. zu beran (§ 75)

bē3en m., bā f., bū n. beide; ne. both (< ae. bā pā), got. bai, bajōps; vgl. Horn, Sprachkörper § 105

be-bēodan abl. II. gebieten, auftragen; got. biudan

bēon (§ 79, 1) sein, werden; ne. be

bēor na. Bier; ne. beer, as. ahd. bior

3e-~scipe mi. Biergelage; s. -sciepe

beran abl. IV. tragen, bringen; ne. bear, as. ahd. beran, got. bairan, zu lat. ferō

betst(a) beste; ne. best, got. batists

betweox, -twix, -twux zwischen; ne. betwixt, zu as. twisc, ahd. zwiski je zwei

bǐ, be (§ 51, 4) bei, von, über, zu; ne. by, be-, ahd. bǐ, got. bi

3e-bīdan abl. I. erleben, -fahren, -langen; ne. (a)bide, got. gabeidan

biddan abl. V. bitten; ne. bid, got. bidjan

bindan (§ 23, 2) abl. III. binden; ne. bind, as. got. bindan

binnan binnen, innerhalb; < *(bi-)innan

bisc(e)op ma. Bischof; ne. *bi-shop*, < lat. *episcopus* (§ 14) ~*rīče* nja. Bistum ~*rīče* nja. Bistum

blǣd ma. Ruhm, Glück; ahd. *blāt* (vgl. Neuphil. Mitt. 1924, 109 ff.)

bliss, blīþs (§ 38) fjō. Freude, Fröhlichkeit; ne. *bliss*, zu *blīþe*

blīþe fröhlich, freundlich; ne. *blithe*, got. *bleiþs*

bōc fk.[4] Buch; ne. *book*, zu got. *bōka, bōkōs* ~*ere* mja. Gelehrter; got. *bōkāreis* (§ 51, 3[1]), < lat. *-ārius*

be-boden s. *-bēodan*

brǣcon s. *brecan*

ā-brecan abl. IV. (zer)brechen, einbrechen; ne. *break*, got. *brikan*

brēme berühmt; nach W. Horn (Gießener Beitr. 1, 139 f.) < *behrǣme, *behrēme*, zu ae. *hrōm* Ruhm, as. *hrōm*, ae. *hrēmiʒ* frohlockend

brinʒan abl. III., sw. I. 4. bringen; ne. *bring*, got. *briggan*

brōhte (§ 22, 3) s. *brinʒan*

brōþor,-ur mk.[2] Bruder; ne. *brother*, got. *brōþar*, lat. *frāter*

ƀe-budon s. *-bēodan*

burʒ fk.[4] Burg, Stadt; ne. *borough, -bury*, as. ahd. *burg*

b-ūtan (§ 51, 4) außer, außerhalb; ne. *about, but*, as. *b(i)ūtan*, ahd. *bi-ūzan*

bū-tū beide; s. *bēʒen* + *twēʒen*

canon m. Kanon; ne. *canon*, < gr.

Cædmon < akymr. *Catman* (*t = d*) 'Krieger'

čeaster ws., außerws.· *cæster* (§ 30, 1) fō. Burg, Stadt; ne. *Chester, -caster*, < lat. *castra* (§ 14)

Cedmon (§ 26 Anm.) s. *Cædmon*

cempa mkj.[1] Kämpe, Krieger (§ 14)

čēosan (§ 44, I a) abl. II. wählen, entscheiden

ʒe-či(e)rran ws., außerws. *-čerran* (§§ 29, 1 b; 31, 7) sw. I. sich kehren, wenden; wg. *karrian*

ʒe-čirdon s. *-či(e)rran*

čiriče (§ 14) fkj.[1] Kirche; ne. *church* (§ 51, 5 Anm. 1)

clǣne Adj. rein; ne. *clean*, ahd. *kleini* (klein > fein > rein)

clyppan sw. I. umarmen, wertschätzen; ne. *clip*

cōm s. *cuman*

con s. *cunnan*

ʒe-coren s. *čēosan*

cuman abl. IV. kommen; ne. *come*, as. *cuman*, got. *qiman*

cunnan Prt. Prs. III. kennen, können, wissen; ne. *can*, as. ahd. got. *kunnan*

cuōm = cwōm s. *cuman*

cūþ kund, bekannt; zu ne. *uncouth* seltsam, got. *kunþs* (§ 28, 1)

cūþe s. *cunnan*

cweþan abl. V. (S. 47) sprechen, sagen; ne. *bequeath*, got. *qiþan*

cvōm s. *cuman*
cyme mi. Ankunft; as. ahd.
kumi, zu *cuman*
cynerĭče nja. Königreich; *cy-ne-* königlich, as. ahd. *kuni*,
zu *cynn*
cyninӡ (§ 44, I a) ma. König;
ne. *king*, as. ahd. *kuning*,
zu *cynn*
cynn nja. Geschlecht, Stamm;
ne. *kin*, as. ahd. *kunni*, zu
lat. *genus* (§ 21, 5)
cȳþan (§§ 28, 1; 31, 5) (ver)-
künden; got. *kunþjan*, zu
cūþ

ӡc-dafenian sw. II. passen,
geziemen; zu got. *ga-daban*
sich ereignen, geziemen
dǣd, angl. *dēd* (§ 26, 2) fi. Tat,
Handlung; ne. *deed*, as.
dād, got. *ga-dēþs*
dæӡ (§§ 26, 1; 44, I c) ma.
Tag; ne. *day*, got. *dags*
dǣlan sw. I. (ver)teilen; ne.
deal, got. *dailjan*
ӡe~ aufteilen
ӡe-dēman (§ 25, 3 a) sw. I.
richten, zuerkennen; zu
dōm
Dene, Deniscan Dänen (§ 8)
dōm ma. Urteil, Gericht,
Ruhm; ne. *doom*, got. *dōms*
dōn (§ 79, 2) tun; ne. *do*, as.
dōn, lat. *ab-, con-dō*
ā-drǣfan sw. I. vertreiben;
got. *draibjan*
driht(en) s. *dryht(en)*
drūsian sw. II. träge, stagnie-
rend sein; ne. *drowse*
dryht, driht (§ 51, 5 Anm. 2)
fi. Schar, Gefolge; ahd.

truht (dazu nhd. *Truch-seß*), got. *draúhti-*
dryhten, drihten (§ 51, 5 Anm.
2) ma. (Gefolgs-)Herr,
Gott; as. *druhtin*, zu *dryht*
dyde s. *dōn*

ēa fō. fk[4]. (Ganzer Sg. *ēa*, D.
häufig ws. *īe*, Pl. N. G. A.
ēa, D. *ēa(u)m*) Wasser,
Fluß; got. *ahwa*, lat. *aqua*
(§ 36, 1), vgl. *Lindes-ēac, ēc* (§§ 26, 4; 35, 1) auch,
dazu; ne. *eke*, aisl. got. *auk*
eafora mk.[1] Nachkomme,
Sohn; as. *aƀaro*
eald, angl. *ald* (§ 29, 1 c) alt;
ne. *old*, afr. as. *ald*, vgl. lat.
altus hoch
ealdormon, angl. *aldor-* mk.[4]
Vorgesetzter, Herr, Fürst;
ne. *alderman*, zu (e)*ald* (vgl.
eorl)
eal(l), angl. *al(l)* (§ 68 a) all,
ganz; ne. *all*, afr. as. ahd. *all*
~*es* (§ 73 d) durchaus
Ēastenӡle Ostangeln, -ang-
lien
ēastron fk.[1] Pl. (unregelmä-
ßig, s. Sievers-Brunner
§ 278 Anm. 3) Ostern; ne.
Easter, ahd. *ōstarūn* Pl.
(altes Frühlingsfest)
ēaþe Adv. leicht, gern
ēaþmōdlĭče Adv. demütig
ēče ewig; zu got. *ajuk-dūþs*
Ewigkeit
efne Adv., *efen* Adj. eben, ge-
rade; ne. *even*, as. *eƀan*,
got. *ibns*
eft wieder(um), danach; afr.
as. *eft*, got. *afta*

eʒe mi. Furcht, Schrecken;
aisl. *agi* (> ne. *awe*), got.
agis, dazu ahd. *z-agēn* za-
gen
eʒsian sw. II. (er)schrecken
ēi s. *ēa*
ellen na. Eifer, Kraft, Heldentaten; got. *aljan* (§ 25,
3 a)
~*wōdness* fjō. Eifer; ae.
wōd wütend, rasend; got.
wōþs
ende mja. Ende; ne. *end*, got.
andeis
~*byrdness* fjō. Reihen-
folge, Anordnung
~*lēas* endlos; ne. *endless*
ʒe-endian sw. II. beenden;
as. *endiōn*, zu *ende*
Enʒla-feld Englefield
enʒlisc (§ 6) englisch; ne. *English*
~*ʒereord* na. englische
Sprache; vgl. *scop-ʒereord*
ēode, ēodon (§ 79, 3) ging(en),
schritt(en)
ʒe~ ging(en), überrannte(n),
eroberte(n)
eod-orcian sw. II. wieder-
käuen; ahd. *it(a)ruchen,
-rucken*; < ae. *ed-* (got. *id-*)
wieder(um) + *orcian*, ro-
cian, zu *rocettan* rülpsen,
ausstoßen, lat. *ēructō*
Eofor-wīč-čeaster York; (s. E.
Ekwall, The Concise Ox-
ford Dictionary of Eng-
lish Place-Names, Oxford
1936, 1960⁴)
eorl ma. freier Mann, Krieger, Fürst; ne. *earl*, as. ahd.
erl, aisl. *jarl* (vgl. H. M.

Chadwick, Anglo-Saxon
Institutions, 1905, S. 382)
eorþe fk.[1] Erde; ne. *earth*, got.
airþa
erian, eriʒean sw. I. pflügen;
ne. *ear*, got. *arjan*, lat. *arō*
Escan-, Exančeaster Exeter
(nach dem Fluß *Isca*, a-
brit. **Eska*, ne. *Exe*)

faran abl. VI. fahren, gehen,
ziehen; ne. *fare*, as. ahd.
got. *faran*
ʒe~ abreisen, sterben
fæc na. Fach, Zeitraum; as.
fak
fæder (§§ 21, 1; 25, 2; 48, 1)
mk.² Vater
fæ̆ʒer (§ 44, I b) schön; ne.
fair, got. *fagrs* geeignet
fær na. Fahrt, Fahrzeug; zu
faran
fæst fest, sicher; ne. *fast*, as.
fast
fæsten nja. befestigter Ort,
Festung; zu *fæst*
fēa, Pl. *fēawe* wenig, Pl.
einige, wenige; ne. *few*, got.
Pl. *fawai*, lat. *paucus*
~*sceaft* elend, hilflos
wiþ-, ʒe-feaht s. *-feohtan*
fela, feala, feola (§ 32, 2) viel,
sehr (mit G.); got. *filu*
on-, ʒe-fēnʒ(e) s. *-fōn*
fe(o)h (§§ 29, 1 a; 35, 1) na.
'Vieh', Besitz; ne. *fee*, got.
faihu, lat. *pecu*
ʒe-fe(o)ht na. Gefecht, Kampf;
ne. *fight*, ahd. *gi-feht*, zu
-fe(o)htan
ʒe-fe(o)htan (§ 35, 1) abl. III.

fechten, kämpfen; ne. *fight*, as. ahd. *fehtan*
on ~ angreifen, kämpfen
wiþ ~ kämpfen gegen
feorh, *ferh* (§§ 29, 1 b; 35, 1) mna. Leben, Seele; as. ahd. *fer(a)h*, zu got. *fairhwus* Welt
fēran sw. I. gehen, kommen, ziehen; as. *fōrian*, nhd. *führen*
fers na. Vers, < lat. *versus*
fierd fi. Aushebung, Heer; in der Parker-Chronik besonders das westsächs. Heer; vgl. *here*
fīf (§ 28, 1) fünf; ne. *five*, got. *fimf*
findan abl. III. (auf)finden; ne. *find*, ahd. *findan*, got. *finþan*
fīras Pl. mja. Menschen; zu *fe(o)rh*
first, *frist* (§ 42) mi. Frist, Zeit(raum); as. ahd. *frist*
ʒe-flīeman sw. I. in die Flucht schlagen; zu ae. *flēam* Flucht
ʒe-fohten s. *-fe(o)htan*
folc na. Volk, Kriegerschar; ne. afr. as. ahd. aisl. *folk*
~*ʒe-fe(o)ht* na. Schlacht
folde fk.[1] Erde; as. *folda*
fōn (§ 36, 1) red. I. fangen, nehmen; as. ahd. got. *fāhan*; — *tō rīče* ~ die Regierung antreten
ʒe ~ ergreifen, gefangennehmen
on ~ empfangen
on-fonʒne s. *-fōn*
for 1. Präp. vor, für, wegen;

2. Konj. denn; 3. Präf. ver-; ne. *for*, got. *faúr*, lat. *por-* ~*þan*, *-þon* s. *þon*
ʒe-fōr(en) s. *-faran*
forþ fort, hervor; ne. *forth*, afr. as. *forþ*
ʒe-fræʒn s. *-friʒnan*
frēa mk.[1] Herr; ahd. *frō*; ahd. *frouwa* Frau, Herrin; vgl. ae. *frīeʒa*, *frēʒa* mkj.[1] dass.; got. *frauja*
fremman sw. I. fördern, machen; ahd. *fremman*
fremsumness fjō. Förderung, Wohltat; zu *fremman*
friʒnan, *frīnan* (§ 37, 2) abl. III. fragen, erfahren; as. ahd. *fregnan*
ʒe ~ erfragen, erfahren (mit A. c. I.)
friþ na. (*frioþu-* mu.) Friede; as. *friđu*, zu got. *Friþareiks* Friedrich
~ *niman* Frieden schließen
frōfor fō. Trost, Hilfe; as. *frōƀra*
from, *fram* von, aus; ne. *from*, as. ahd. aisl. got. *fram*, neben aisl. *frā* (> ne. *fro*)
ʒe-fruʒnon, *-frūnon* (mit *ʒ*-Ausfall nach velarem Vokal wohl in Anlehnung an *frīnan*) s. *-friʒnan*, *frīnan*
fruma mk.[1] Anfang, Ursprung; got. *frum(s)*
frumsceaft fi. Schöpfung
ʒe-fuhton s. *-fe(o)htan*
fultum ma. Hilfe, Schutz
ʒe-fultumian sw. II. unterstützen, helfen; zu *fultum*
funden s. *findan*

fūs bereit, eilig; as. *fūs*, ahd.
funs (§ 28, 1)
ȝe-*fylče* nja. Abteilung,
Trupp; aisl. *fylki*, zu *folc*
fyrhtu fk.[1] Furcht, Schrek-
ken; ne.*fright*, got.*faúrhtei*
fyrst (§ 51, 5 Anm. 1) s. *first*

ȝe-ȝa*drian* sw. II. sammeln,
vereinigen; ne. *gather*, nhd.
vergattern
on-ȝan s. *-ȝinnan*
ȝanȝan red. II. gehen; as.
ahd. *gangan*, got. *gaggan*
ȝār ma. Ger, Speer; afr. as.
ahd. *gēr*, aisl. *geirr*
∼ *Dene* mi. Dänen; aisl.
Danir, lat. *Danī*
ȝāst (§ 44, I a) ma. Geist; ne.
ghost, ahd. *geist*
ȝe- Präf. ge- (§ 76 a Ende)
ā-ȝeaf (§ 30, 1) s. *-ȝiefan*
ȝēar, angl. kent. ȝēr (§ 30, 1)
na. Jahr; ne. *year*, as. ahd.
jār, got. *jēr*
∼*daȝas* ma. Pl. Lebens-
tage, frühere Tage; s. *dæȝ*
ȝeard (§ 44, I a) ma. Gehöft,
Hof; ne. *yard*, got. *gards*
ȝearu, -o, G. ȝearwes (mit *ea*
durch Brechung nach § 29,
1 b) bereit, fertig; ne. *yare*,
as. ahd. *garo* (nhd. *gar*)
ȝēmān (angl.), ȝīeman (wȿ.)
sw. I. sich kümmern, stre-
ben nach; got. *gaumjan*
(§§ 26, 4; 31, 7)
ȝ(e)onȝ, i̯unȝ (§ 30, 2) jung;
ne. *young*, got. *juggs*
ȝeorne (§ 29, 1 b) Adv. gern,
eifrig; as. ahd. *gern*, got.
gairns

ȝeornlīče Adv. (§ 73 a) dass.
ȝeornfulness fjō. Eifer, Ver-
langen
ȝi(e)fan, angl. kent. ȝefan
(§ 30, 1) abl. V. geben;
ne. *give* (skand.), as. *geƀan*,
got. *giban*
ā∼ übergeben, darbringen
for∼ verleihen, übergeben
ȝi(e)fu fō. Gabe, Gnade; as.
geƀa, got. *giba*
ȝif wenn, ob; ne. *if*, got. *jabai*
ȝife, ȝifu s. ȝi(e)fu
for-ȝifen s. -ȝi(e)fan
be-, on-ȝinnan abl. III. be
ginnen, versuchen; ne. *be-
gin*, got. *du-ginnan*
(sē) ȝ(i)oncȝa der Jüngere
(Beiname); s. ȝ(e)onȝ
ȝīs(e)l ma. Geisel; ahd. *gīsal*,
aisl. *gīsl*
fore∼ vornehme Geisel
ȝe-ȝlenȝan sw. I. schmücken;
zu ȝlenȝ Schmuck, Glanz
ȝod ma. Gott; ne. afr. as. *god*,
got. *guþ*
∼*cund* göttlich, geistlich;
-*cund* 'stammend von', got.
-*kunds*
∼*cundlīče* Adv. göttlich,
von Gott
ȝōd 1. na. Gutes, Eigentum;
ne. *good*, afr. as. *gōd*
∼ 2. Adj. gut, tüchtig, ne.
good, afr. as. *gōd*, got. *gōþs*
ȝomban (N. Sg.?, nur noch
einmal belegt) Tribut
on-ȝon s. -ȝinnan
ȝonȝende s. ȝanȝan
Grantebryčȝ Cambridge
ȝrētan sw. I. grüßen, anreden;
ne. *grēet*, as. *grōtian*

on-ʒunnon s. *-ʒinnan*

for-ʒyldan, -ʒieldan, angl.
-ʒeldan (§ 30, 1) abl. III.
(ver)gelten, (be)zahlen; ne.
yield, as. *geldan,* got. *gildan*

habban sw. III (inne)haben;
ne. *have,* ahd. *habēn,* got.
haban

hād, hǣd ma. Stand, Weise,
Gestalt; ne. Suffix *-hood,*
-head, got. *haidus*

hāl heil, gesund; ne. *hale,*
whole, got. *hails*

tō haldanne flekt. Inf.; s. *healdan*

hālettan sw. I. begrüßen; ahd.
heilazzen, zu *hāl*

hāliʒ heilig; ne. *holy,* ahd.
heilag, -ig, got. *hailags*

hām ma. Heim, heim (A.);
ne. *home,* got. *haims*

hand (§ 48, 2) fu. Hand, Seite

hātan red. I. heißen, befeh-
len, verheißen; got. *haitan*

ʒe-hātland na. das gelobte
Land

hæfde, hæfdon, -un s. *habban*

hærfest ma. Herbst; ne. *har-
vest,* zu lat. *carpō* pflücke

hǣþen heidnisch, Heide; ne.
heathen, aisl. *heidinn*

hĕ (§ 64) er

ʒe-healdan (ws.), *-haldan*
(angl.) red. II. (er)halten,
besitzen, regieren; ne. *hold,*
as. got. *haldan*

hearpe fk.[1] Harfe; ne. *harp,*
as. aisl. *harpa,* zu lat. *cor-
bis* Korb

hefiʒ (§ 44,Ic), *hefelič* schwer,
wichtig, drückend; ne.

heavy, zu *hebban* abl. VI.
heben

heht (§ 76) s. *hātan*

hēo, hio (§ 64) sie

hēo (angl.) = ws. *hīe* (§ 64)
sie Pl.

heofon ma. Himmel; ne. *heaven,* as. *heƀan*

∼lič himmlisch; ne. *hea-
venly*

∼riče mja. Himmelreich

hēoldon s. *healdan*

heora, hiora, hi(e)ra, hyra
1. Pers.-Pron. ihrer, von
ihnen (§ 64); 2. Poss.-
Pron. ihr Pl. (§ 65)

heord fō. Herde, Bewachung;
ne. *herd,* got. *hairda*

hēr (§ 21, 2) hier, hierher

here (G. *heriʒes*) mja. (§ 45)
Heer, Menge; in der Par-
ker-Chronik vornehmlich
das Wikinger-Heer; vgl.
fierd

hereness fjō. Lobpreisung; zu
herian

herʒade (§ 77 Anm. 4) s. *her-
ʒian*

herʒas s. *here*

for-herʒian sw. II. verheeren,
-wüsten; ne. *harry,* ahd.
far-heriōn, zu *here*

herian sw. I. loben, preisen;
got. *hazjan* (§§ 25,1; 25,3 a)

heriʒean s. *herian*

hēt s. *hātan*

hider Adv. hierher; ne. *hither,*
got. *hidrē,* lat. *citrō* hierher

hīe (§ 64) sie Pl.

hīe (*bestǣlon*) Refl.-Pron.
(§ 64 Anm.) = (stahlen)
sich (fort)

hiene Refl.-Pron. (§ 64 Anm.)
sich
hiera s. *heora*
hierde, *hyrde* (ws.), *heorde*
(merc.), *hiorde* (kent., ndh.)
(§ 29,1 b) mja. Hirte,
Wächter; ne. *(shep)herd*,
as. *hirdi*, got. *hairdeis*, zu
heord
~*bōc* fk.[4] Hirtenbuch
him Refl.-Pron. (§ 64 Anm.)
sich
him ihm, ihnen, s. *hē*
be-hindan (von) hinten; ne.
behind, as. *bi-hindan*, got.
hindana
hine ihn, s. *hē*
hine Refl.-Pron. (§ 64 Anm.)
sich
hire s. *hēo*
his Poss.-Pron. (§ 65) sein
hit (§ 64) es; (wie afr. *hit*
Neubildung für *it* nach *hē*),
ne. *it*, vgl. got. *ita*, lat. *id*
hladan abl. VI. (be)laden, legen; ne. *lade*, as. ahd. *hla-*
dan, got. *hlaþan*
hlāford (§ 38) ma. Herr;
< *hlāf* ma. Brotlaib, ne.
loaf, got. *hlaifs* + *weard*
Wart
hlēapan red. II. laufen, gehen; ne. *leap*, got. *hlaupan*
for-hoჳdniss fjō. Verachtung;
zu *for-hyčჳan*
hond s. *hand*
hors (§ 42, 1) na. Roß; mhd.
ros, *ors*
ჳe-*horsod*, -*ud* mit Pferden
versehen, beritten; zu *hors*
hran ma. Wal(fisch)
~*rād* fō. Walfischstraße;

Kenning (poetische Um-
schreibung) für 'Meer'
hrædlīč schnell, eilig; ahd.
hrad
Hreope-dūn Repton
hrōf ma. Dach; ne. *roof*, afr.
aisl. *hrōf*
hron- s. *hran-*
hū (§§ 26, 2; 68, 1) wie; ne.
how, as. *hwō*, *hū*, zu lat. *quō*
Humbre f. Humber (abrit.)
hūs na. Haus; ne. *house*, afr.
as. ahd. aisl. got. *hūs*
hwā (§ 68) wer; ne. *who*, got.
hwas
ჳe~ jeder (§ 68, 2)
hwanon(e) von wannen, woher; ne. *whence* (nach
hence), as. ahd. *hwanan(a)*
ჳe-*hwæs* s. -*hwā*
hwæt Interj. was, fürwahr!
Im Ae. beliebter Eingang
von Gedichten und Reden
hwæt (§§ 21, 1; 48, 1; 68, 3)
was
~*hwuჳu* irgend etwas
(§ 68 a)
hwæþer, *hweþer* (§ 68, 4) welcher von beiden, ob; ne.
whether, got. *hwaþar*
ჳe~ jeder von beiden (§ 68 a)
hwæþre Adv. (je)doch, denn-
noch; ahd. *thiu widaru*;
(vgl. W. Horn, Englische
Studien 70, S. 46 ff.)
ჳe-*hwerfde* s. -*hwierfan*
ჳe-*hwierfan*, -*hwyrfan* (ws.),
-*hwerfan* (angl.) sw. I. um-
wandeln, zurückgeben; as.
gi-hwerƀian (vgl. § 77 unter
Kl. II)
hwonon s. *hwanon*

hwylč (§§ 33, 5; 44, I c; 68, 4)
welch, was für; ne. *which,*
got. *hwileiks*

ʒe~ jeder (§ 68 a)
ʒe-hwyrſan s. *-hwierſan*

hyčʒan (§ 44, I b) sw. III.
denken; got. *hugjan*

for~ verachten

ʒe-hȳran, -hīeran, angl. *-hē-
ran* (§ 31, 7) sw. I. hören,
vernehmen, gehorchen; ne.
hear, got. *hausjan*

tō ~ne flekt. Inf. dass.

ʒe-hȳrness fjō. Gehör; zu
-hȳran

ič (§ 44, I c) ich; ne. *I,* afr. as.
got. *ik,* lat. *ego*

īdel eitel, wertlos; ne. *idle,*
as. *īdal*

īlca derselbe; < **ī-līca,* me.
ilke, ī- zu got. lat. *is*

in in, auf; ne. got. *in*

inbryrdniss fō. Anreizung,
Begeisterung

inʒonʒ, -ʒanʒ ma. Einzug;
ahd. *ingang*

innan in(nen), nach... hinein, innerhalb; got. *innana*

inne darin, innerhalb; ne. *in,*
got. *inna*

intinʒa mk.[1] Grund, Anlaß

intō nach, hinein; ne. *into*

is ist; ne. as. *is,* ahd. got. *ist,*
lat. *est*

īs na. Eis; ne. *ice,* afr. as.
ahd. *īs*

~iʒ eisig, beeist

Israhēlas m. Pl. Israeliten;
< lat. *Israhēl* < hebr.

lāf fō. Nachlaß, Rest; got.
laiba, zu *lǣfan*

laʒu, -o mu. See, Wasser; as.
lagu, lat. *lacus*

laʒu (§ 15) fō. Gesetz, Recht

land na. Land, Erde; ne afr.
as. aisl. got. *land*

lanʒ, lonʒ lang, groß; ne.
long, got. *laggs,* lat. *longus*

lār fō. Lehre, Gelehrsamkeit;
ne. *lore,* zu *lǣran*

~ēow < ~þēow Lehrer

late Adv. s. *lǣt*

ʒe-lǣdan sw. I. geleiten; ne.
lead, as. *lēdian,* ahd. *leiten*

lǣſan sw. I. (hinter)lassen;
ne. *leave,* got. *bi-laibjan*

ʒe-lǣran sw. I. (be)lehren;
got. *ga-laisjan* (< **laiz-
jan*), zu *lār*

ʒe-lǣred Adj. gelehrt

lǣstan sw. I. Folge leisten;
ne. *last,* got. *laistjan*

lǣt lässig, spät; ne. *late,* got.
lats, zu lat. *lassus < *lat-
tos* müde

lǣtan, angl. *lētan* (§ 26, 2)
red. I. lassen; ne. *let,* as.
lātan, got. *lētan*

for~ verlassen

lēas (treu)los, ledig (mit G.);
ne. *-less,* got. *laus,* abl. zu
lēosan (§ 75)

lēasunʒ fō. Falschheit, Lüge;
ne. *leasing,* zu *lēas*

lečʒan (§ 44 Anm. 2) sw. I.
4. legen; ne. *lay,* got. *lagjan*

ʒe-lēſed geschwächt, vorge-
rückt (vom Alter); afr. as.
ae. *lēf* schwach, krank

leomu s. *lim*

leornere mja. Lerner, Gelehrter; (vgl. ne. *scholar*),
zu *leornian*

ʒe-*leornian* sw. II. (er)lernen,
kennenlernen; ne. *learn*,
ahd. *lirnēn, lernēn, -ōn*
for-lēosan abl. II. verlieren;
ne. *lose*, got. *fra-liusan*
lēoþ na. Lied, Gedicht; as.
liod, got. *awi-liuþ* Dank-
sagung
~*cræft* ma. Dichtkunst
~*sonʒ, -sanʒ* ma. Gesang,
Dichtung
for-lēt s. -*lǣtan*
līč na. Körper, Leiche; got.
leik
ʒe-*līč* gleich, ähnlich; ne.
like, got. *ga-leiks*
līčʒan abl. V. liegen, ruhen;
ne. *lie* (nach der 2., 3. Sg.
liʒ(e)st, liʒ(e)þ, vgl. § 44
Anm. 2), as. *liggian*, s.
lečʒan
līf na. Leben; ne. *life*, afr. as.
aisl. *līf*
lim, Pl. *limu, leomu* (§ 32, 3)
na. Glied; ne. *limb*, zu lat.
līmus schief
be-*limpan* abl. III. betreffen,
gehören zu
ʒe-*limplīč* angemessen, geeignet; ahd. *gi-limpflih*,
nhd. *glimpflich*
Lindes, -is fjō. Lindsey;
< ae. *Lindes-ēʒ* (§ 35, 1)
Aue, Wasserland, ahd.
ouwa, ne. *island* < ae.
ēʒ-land < germ. *aujō
< *awjō < urg. *agwjō
(mit *g* < idg. *k* nach Verners Gesetz, § 23,2. Ausn.,
und adj. -*jō* - Endung, §70,
1, eigtl. Bedeutung 'die
Wässerige'='w. Insel, Wie-

se'), zu urg. *ahwō (< idg.
*ák̑wā, lat. *aqua*) > ae. *ēa*
'Wasser, Fluß' (§ 36,1)
līþ < *liʒ(e)þ* (§§ 37, 2; 77
Anm. 1), s. *līčʒan*
lōcian (§ 44, I b) sw. II. sehen,
blicken; ne. *look*, as. *lōcon*
lond s. *land*
lonʒe Adv. s. *lanʒ*
lufe, -u fk.[1] fō. Liebe; ne.
love, got. *lubō*
lufian sw. II. lieben; ne.
love, ahd. *lubōn*, lat. *lubēre*
belieben
lufiʒean s. *lufian*
be-*lumpon* s. -*limpan*
Lūnden, -burʒ London
ʒe-*lȳfed* falsche ws. Umschrift für merc. ʒe-*lēfed*
lȳtel klein, wenig, gering;
< *lūtil*, ne. *little*

maʒan Prt. Prs. V. (?) können, vermögen; s. *mæʒ*
mān na. Frevel, Verbrechen;
ahd. aisl. *mein*
~*dǣd* fi. Freveltat
manian sw. II. ermahnen,
raten; as. ahd. *manōn*, lat.
monēre
maniʒ, moniʒ (§ 51,1) manch,
viel; ne. *many*, got. *ma-
nags*; zu *maneʒum* vgl.
§ 51, 1 Anm.
man(n) mk.[4] Mann, Mensch,
man; afr. as. ahd. *mann*
~*cynn* nja. Menschenge-
schlecht
mæʒ, ne. *may*, as. ahd. got.
mag, s. *maʒan*
mǣʒ ma. Verwandter; as.
ahd. *māg*, got. *mēgs*

mǣʒþ fō. Volksstamm; zu
mǣʒ
mǣran sw. I. bekannt, berühmt machen; as. *mārian*,
got. *mērjan*, zu *mǣre*
mǣre berühmt; as. ahd.
māri, got. *-mēreis*
mǣst, *māst* (§ 72 c) meiste,
größte; (*mǣst* nach *lǣst*),
ne. *most*, got. *maists*
mē (§ 64) mir
meaht s. *miht*
meaht(e) s. *maʒan*
medmicel mittelgroß, unbe-
deutend; zu got. *miduma*
Mitte
medu, *-o*, *meodu* (§ 32, 2) mu.
Met; ne. *mead*, ahd. *metu*,
mito (litauisch *medùs* Ho-
nig)
~*setl* na. Metsitz, -haus
men(n) s. *man(n)*
mennisc menschlich, Mensch-
heit; got. *mannisks*, zu
mann
~*ness* fjō. Menschwerdung
meodo- s. *medu-*
meotod s. *metod*
mere mi. Meer, See, Teich; ne.
mere, got. *mari-*, *marei*,
lat. *mare*
Mere-tūn häufiger ae. Orts-
name
ʒe-met Adj. gemäß, passend;
Subst. na. Maß, Art u.
Weise; as. *gi-met*, ahd.
gi-mez; zu *metan*
metan abl. V. (durch)messen;
got. *mitan*, lat. *meditor*
ʒe-mētan sw. I. begegnen,
treffen; ne. *meet*, got.
ga-mōtjan (§ 31, 4)

metod, angl. kent. *meotod*
(§ 32,2) ma. Schicksal,
Schöpfer; as. *metod*, got.
mitaþs Maß
ʒe-mētte, *-on* (§ 77 Anm. 3) s.
-mētan
micel, *mycel* groß, viel; ne.
much, got. *mikils* (*mycel*
wohl nach dem Gegenteil
lȳtel gebildet wie *mǣst*
nach *lǣst*)
mid mit, durch, bei; as.
mid(i), got. *miþ*
middan-(ʒ)eard ma. Erd-
kreis, Erde; ahd. *mittin-
gart*, got. *midjun-gards*
M(i)erce, *Myrce* Mercier,
Mercien
miht, *meaht*, angl. *mæht*
(§ 31, 7) fi. Macht; ne.
might, got. *mahts*, zu *maʒan*
mōd na. Gemüt, Sinn, Herz;
ne. *mood*, afr. as. *mōd*, got.
mōþs
~*ʒe-þanc* mna. innerster
Gedanke
mōdor fk.[2] (§§ 21, 2; 23, 1[2];
60) Mutter
monade s. *manian*
mōnaþ (mk.[4] wie *ealu*, nur ist
hier das *þ* der flekt. Formen in den N. A. Sg. ge-
drungen, G. *mōn(a)þes*, D.
-(a)þe, Pl. N. A. *mōnaþ*)
Monat; ne. *month*, as. *mā-
nuth*, ahd. *mānōd* (> nhd.
Mond), got. *mēnōþs*
(§ 51, 3c)
moniʒ s. *maniʒ*
mon(n) (§ 28, 4) s. *man(n)*
morʒen ma. Morgen; ne.

morn(ing), morrow, got.
maúrgins
3e-mōt na. Versammlung, Be-
sprechung; ne. moot, as. mōt
munuc ma. Mönch; ne. monk,
< lat. monachus (§ 14)
~hād mu. Mönchsstand
mūþ (§ 28, 1) ma. Mund; ne.
mouth, got. munþs
mūþa mk.[1] Mündung, Tor;
zu mūþ
3e-mynd fi. na. Gedächtnis,
Erinnerung, Sinn, Seele;
ne. mind, got. ga-munds,
lat. mēns (G. mentis), idg.
*mn̥tis (§ 21, 5)
3e-mynd3ian sw. II. sich er-
innern, im Gedächtnis be-
halten; ahd. gi-muntīgōn,
zu -mynd
mynster na. Münster, Kloster;
ne. minster, < lat. mona-
stērium (§ 14)

nā (ne) nie, nicht; s. ne + ā;
ne. no
nāht s. nāwiht
nal(l)es, neal(l)es < ni (e)alles
(§ 73 d) durchaus nicht,
keineswegs; ahd. nalles, zu
(e)all
nam s. niman
nama mk.[1] Name; ne. name,
got. namō, lat. nōmen
nāmon s. niman
nān < *ni ān (§ 68a) kein;
ne. none, no, ahd. n-ein,
vgl. lat. nōn < *n-oenum
nāwiht, nōwiht, nāht, nōht
(§ 68a) nicht(s); ne. naught,
nought, not, ahd. niowiht,
nieht, got. ni waihts

nǣfre < *ni ǣfre nie(mals);
ne. never, s. ǣfre
nǣni3 < *ni ǣni3 (§ 68a)
keiner (subst.)
ne (älter ni) nicht, noch auch
(auch in doppelter Vernei-
nung); got. ni, lat. ne
(§ 48, 2)
nēa(h)lǣčan herannahen; ae.
lǣčan, lācan red. (§ 76)
springen, sich bewegen;
got. laikan, mhd. leichen
hüpfen
neaht s. niht
nēat na. Rind, Pl. Vieh; ne.
neat, aisl. naut, zu nēten
nemnan sw. I. nennen; got.
namnjan, zu nama
nēten (angl.), nīeten (ws.) na.
Tier; zu nēat
nicor ma. Seeungeheuer; ahd.
nihhus m., nicchessa f.
Nix(e)
ni3on (§ 74) neun; ne. nine,
got. niun
niht (§ 31,7) fk.[4] (im ganzen
Sg. und N. A. Pl. meist un-
veränderlich) Nacht; ne.
night, got. nahts, lat. noct-
~es (§ 73 d) nachts
niman abl. IV. nehmen; ne.
P. P. numb benommen,
got. niman
nōht s. nāwiht
noldon < *ni woldon (§ 51, 4)
wollten, pflegten nicht; s.
willan
noma s. nama
Norþhymbre, Norþan- Nord-
humbrier, Nordhumbrien
nū nun, jetzt; ne. now, got.
nu, lat. innum nun noch

of von, aus; ne. *of*, *off*, got. *af*
ofer über, über — hin; ne.
over, got. *ufar*, lat. *s-uper*
oft oft, häufig; ne. *oft(en)*,
got. *ufta*
~*rade*, -*ræde* häufig; ahd.
rad(o), *rat(o)*
on, *an* an, in, auf; ne. *on*, ahd.
got. *ana* (§ 28, 4)
ond s. *and*
ondswarode s. *andswerian*
Onʒel- s. *Anʒel-*
ōr na. Anfang, Ursprung; zu
lat. *ōra* Rand, Küste
oþ Präp. bis; Präf. ent-; got.
unþa-
~*þæt* Konj. bis daß
ōþer (§§ 28, 1; 74 b) der andere, nächste; ne. *other*,
got. *anþar*
oþþe, ndh. *eþþa* oder; ne. *or*,
got. *aiþþau*

Peohtas Pikten

rād fō. Reiten, Straße; ne.
road, abl. zu *rīdan*
rād s. *rīdan*
ā-rās s. *-risan*
reċċ(e)an (§ 44, I b) sw. I. 4.
erzählen, erklären; Prät.
reahte, angl. *ræhte* *rehte*
(§ 35); got. *rakjan*
reʒolliċ, D. Pl. *reʒolleċum*
(§ 51,1), von der Regel
vorgeschrieben; ae. *reʒol*
ma. < lat. *regula*
rehton s. *reċċan*
rest (§ 31, 6 a) fō. Rast, Ruhe,
Lagerstatt; ne. *rest*, ahd.
got. *rasta*
rīċe (§ 13) nja. Reich, Herrschaft

rīcsian sw. II. herrschen, regieren; ahd. *rīhhisōn*; zu
rīċe
rīdan abl. I. reiten; ne. *ride*,
as. *rīdan*
of~ überreiten, einholen
on~ (ʒefeoht) einen Kampf
liefern
rīman sw. I. zusammenzäh-
len; ahd. *rīmen*
ā-rīsan abl. I. sich erheben,
entstehen; ne. *a-rise*, got.
reisan
ʒe-risenlīċe Adv. passend,
schicklich; abl. zu ae. as.
ahd. *gi-rīsan* sich ziemen
rūn fō. Geheimnis, Rune,
Schrift; as. ahd. got. *rūna*

salde, -*on* (angl.), ne. *sold*, s.
sellan
ʒe-samnian sw. II. versammeln, vereinigen; as. ahd.
sam(a)nōn
ʒe-samnunʒ fō. Versamm-
lung, Vereinigung, zu
-*samnian*
sanʒ ma. Gesang, Lied, Gedicht; ne. *song*, afr. as.
ahd. *sang*
~*cræft* ma. Sanges-,
Dichtkunst
sǣ mfi. See, Meer; ne. *sea*,
got. *saiws* < germ. **saiwi*
sæʒde, -*don* s. *seċʒan*
ʒe-sæt s. -*sittan*
be-sǣton s. -*sittan*
scamu (§ 30, 2) fō. Scham; ne.
shame, as. ahd. *skama*
sceal (§§ 30, 1; 44, II a), ne.
shall, s. *sculan*
ʒe-sceap ws., außerws. -*scæp*

(§ 30, 1) na. Gestalt,
Schöpfung; ne. *shape*, as.
gi-scapu Pl. Schicksal, zu
-*sceppan*
sceapa (§ 32, 1) mk.¹ Schaden,
Schädiger, Feind; as. *scado*
Scede-land na. Schonen, Dänemark
sc(e)olde (§§ 30, 2; 44, II a),
ne. *should*, s. *sculan*
ʒe-sc(e)ōp (§§ 30, 2; 44 II a) s.
sceppan
ʒe-sceppan (angl.), *sci(e)ppan*,
scyppan (ws.) abl. VI. (er)-
schaffen; got. *ga-skapjan*
(§§ 30, 1; 31, 7)
-*scipe* mi. Suffix -schaft; ne.
-*ship*, as. -*skipi*, zu *sceppan*
scip na. Schiff; ne. *ship*, afr.
as. aisl. *skip*
~*here* mja. Schiffsheer,
Flotte
~*hlæst* ma. Schiffslast, Be-
satzung; zu *hladan*
Scīre-, *Sciraburna* Sherborne
scōl (§ 44 Anm. 3) fō. Schule,
Abteilung; ne. *school*, <
lat. *schola* (§ 14)
scolde(n) (§ 44, II a) s. *sculan*
scomu s. *scamu*
scop ma. Sänger und Dichter;
as. *scop*, ahd. *scof*, aisl.
skop, *skaup*
~*ʒe-reord* na. dichterische
Sprache; ahd. *rarta*, got.
razda
sculan Prt. Prs. IV. sollen,
müssen, wollen, werden
(das Futurum umschrei-
bend); ne. *shall*, got. *skulan*
Scyld ma. 'Schild', Dänenkönig

scypen fō. Schuppen, Stall;
< *scuppin-*, zu ae. *scoppa*
(§ 22, 2) Schuppen, Bude;
ne. *shop*
scyppend, *sci(e)ppend*, angl.
sceppend mk.⁵ Schöpfer;
zu *scepen* vgl. Sievers-
Brunner §§ 286 Anm. 4;
92 Anm. 8; zu *sceppan*
sē der (§ 66 a)
~, ~*þe*, *þe* Rel.-Pron.
(§ 67) der, welcher
ʒe-seah s. -*sēon*
ʒe-sealde, -*on* (ws.) s. *salde*,
-*on*
sēč(e)an (§§ 31, 4; 44, I b) sw.
I. 4. (auf)suchen, angreifen; ne. *seek*, *beseech* (§ 44,
Anm. 1), got. *sōkjan*, zu
lat. *sāgire* aufspüren
seč̣ mja. Mann, Krieger; <
germ. *sagja-, zu lat. *socius*
sečʒan sw. III. sagen, erzählen; ne. *say*, as. *seggian*,
wg. *saggjan* (§ 44, I b)
ʒe-seʒen (angl.), -*sewen* (ws.) s.
-*sēon*
self, *seolf*, *sylf* (§§ 29, 1 c; 30,
3) selber, selbst; ne. *self*, as.
self, *selƀo*, got. *silba*
sellan, *syllan* (§ 30, 3) sw. I.
4. (über)geben, verleihen;
ne. *sell*, got. *saljan* (§ 25,
3 a)
on-sendan (§ 31, 1) sw. I.
(ent)senden; ne. *send*, got.
sandjan
sēo, *sīo* die (§ 66 a)
seolf s. *self*
ʒe-sēon (§ 36, 1) abl. V. sehen; got. *saihwan*

ʒe-*settan* sw. I. hinlegen, hinsetzen; ne. *set*, got. *satjan*
siʒe mi., *siʒor* (nk.³) ma. Sieg; as. *sigi*, got. *sigis*
~ *niman* den Sieg erringen
siʒ(e)lan sw. I. segeln; mhd. *sigelen*; zu *seʒ(e)l* Segel, ne. *sail*
sinʒan abl. III. singen; ne. *sing*, as. ahd. *singan*
ā~ vortragen
sīo s. *sēo*
sittan abl. V. sitzen, sich setzen; ne. *sit*, as. *sittian*, zu lat. *sedeo*
be~ belagern
ʒe~ sich niederlassen
siþþan seit(dem), nachdem; < *sīþ-þon*, ne. *since*, aisl. *siðan*, got. *þana-seiþs*
ʒe-, *of-slæʒen* s. -*slēan*
slǣp, angl. *slēp* ma. Schlaf; ne. *sleep*, as. *slāp*
on-slǣpan, angl. kent. -*slēpan* red. I (auch sw.) einschlafen; ne. *sleep*, as. *slāpan*, got. *slēpan* (§ 21, 2)
slēan (§ 36, 1) abl. VI. schlagen
of~ erschlagen
of-slōʒon, -*slōh* s. -*slēan*
Snotenʒa-hām Nottingham
sōhte, -*on* s. *sēčan*
ʒe-*somnian* s. -*samnian*
ʒe-*somnunʒ* s. -*samnunʒ*
sōna sogleich, alsbald; ne. *soon*, as. ahd. *sān(o)* (§ 28, 2)
ā-sonʒ (§ 28, 4) s. -*sinʒan*
sonʒ- s. *sanʒ*-
spell na. Erzählung, Geschichte; ne. as. ahd. *spell*, got. *spill*

spranʒ s. *sprinʒan*
sp(r)ecan abl. V. sprechen; ne. *speak*, ahd. *sp(r)ehhan*
sprinʒan abl. III. springen, sich verbreiten; ne. *spring*, as. ahd. *springan*
stafum s. *stæf*
standan abl. VI. stehen, liegen; ne. *stand*, as. got. *standan*
starian sw. II. starren, schauen; ne. *stare*, ahd. *starēn*
stæf ma. Stab, Buchstabe; Pl. *stafas* (nach lat. *litterae*) Literatur, Wissenschaft; ne. *staff*, got. *stafs* Grundstoff
be-stæl, -*stǣlon* s. -*stelan*
stær, *ster* na. Geschichte; < air. *stoir* < lat. *historia*
ā-, *on-stealde* s. -*stellan*
stelan abl. IV. stehlen; ne. *steal*, as. ahd. *stelan*, got. *stilan*
be~ (mit Refl.-Pron. und folgendem G.) sich fortstehlen vor
ā-, *on-stellan* sw. I. 4. (Prät. -*st(e)alde*) anstellen, ins Werk setzen; as. *stellian*
ā-stīʒan (§ 21, 3) abl. I. aufsteigen
ā-stīʒness fjō. Aufstieg
stōd s. *standan*
Stræcled-Walas Strathclyde-Briten
sum (§ 68a) (irgend)ein, ein gewisser; ~*e* Pl. einige; ne. *some*, got. *sums*
hīe ~*e* einige von ihnen
hit ~*and* ~ einen Teil von ihm und den Rest …

sumor mu. Sommer; ne. *sum-
mer*, as. ahd. aisl. *sumar*
~*lida* mk.[1] Sommerheer;
zu *līpan* abl. I. gehen
sunu (§ 48, 2) mu. Sohn
be-sūpan im Süden, südlich
von
swā so, wie; *swā — swā* so —
wie; ne. *so*, got. *swa* (§37,1)
~ *hwæt* ~ was auch immer
~*hwylč* ~ wer (welcher)
auch immer (§ 68 a)
Swana-wīč Swanage
swefn na. Schlaf, Traum; as.
sweƀan, lat. *somnus* <
swepnos
swelče s. *swylče*
swerian abl. VI. schwören;
ne. *swear*, as. *swerian*
swēte süß, angenehm; ne.
sweet, as. *swōti*, lat. *suāvis*
< *suādvis*
~*ness*, *-niss* fjō. Süßigkeit,
Anmut; ne. *sweetness*
swinsunʒ fō. Klang, Wohllaut; zu *swinsian* sw. II.
tönen
swīp stark, mächtig; got.
swinps (§ 28, 1), nhd. *ge-
schwind*
~*e* Adv. stark, sehr
swōr, *-on* s. *swerian*
swylč, *swilč*, *swelč* (§§ 33, 5;
44, I c; 68 a) solch; ne. *such*,
got. *swaleiks*
~*e* Adv. ebenso, gleich-
falls
sylf s. *self*
symbel na. Gǝstmahl; < lat.
gr. *symbola*
synderlīče Adv. besonders;
ahd. *suntarlīhho*

synn fjō. Sünde; ne. *sin*
syppan s. *sippan*

tācen na. Zeichen, Beweis;
ne. *token*, got. *taikn(s)*
ʒe-tæl na. Erzählung; ne. *tale*,
as. *gi-tal* Zahl
of-tēah s. *-tēon*
Temes(e) f. Themse; ne. *Tha-
mes* (= temz), < *Tamīs-
su* < abrit. *Tamēssa* (s.
Max Förster, Themse
S. 461—730)
tēode s. *tēon*
*tēon oder **tēoʒean* (angl. u.
poet.) sw. II. (Prät. *tēode*,
ndh. *tiade*, s. Sievers-Brunner § 415 e) machen, schaffen, ausstatten (mit D.);
ahd. *zechōn*; im Beowulf
Vers 43 und 1452
ʒe-tēon abl. II. ziehen; got.
tiuhan, zu lat. *dūcō*
ā~ abziehen
of~ entziehen, berauben;
Zusammenfall von ur-ae.
*oftīhan abl. I. verweigern
+ **oftēohan* abl. II. entziehen (§ 36)
tīd fi. Zeit, Stunde; ne. *tide*,
afr. as. *tīd*
tilian sw. II. (er)arbeiten,
sorgen für; ne. *till*, got. *ga-
tilōn* erzielen
Tine Tyne
tintreʒ na. Qual, Pein
~*līč* qualvoll
tīr ma. Ruhm, Zier; as. *tīr*
tŏ, *te* (§ 51, 4) 1. Präp. zu,
nach; 2. Adv. (all)zu, hin-
zu; ne. *to, too*, afr. as. *tŏ, te,
ti*

tōweard zukünftig; ne. *to-ward*, as. *tō-ward*

ʒe-*truma* mk.[1] Schar, Truppe; zu *trum* fest, stark

tuǣm = *twǣm*
ā-tuʒe s. *-tēon*

tūn ma. Zaun, Wohnung, Dorf, Stadt; ne. *town*, afr. as. aisl. *tūn*
~ʒerēfa mk.[1] Ortsvorsteher; ne. *reeve, sheriff* (< ae. *scīrʒerēfa*); zu nhd. *Graf?*

tunʒe (G. *tunʒan*) fk.[1] Zunge, Sprache; ne. *tongue*, got. *tuggō*

Tureces-īeʒ (ws.) Torksey (vgl. *Lindes*)

twǣm D. Pl. zwei (§ 74 a, 1) *twēʒen* m., *twā* fn., *tū* n. (§ 74a) zwei; ne. *twain, two*, got. *twai, twōs, tua*, lat. *auo, duae*

on-tȳnan sw. I. (er)öffnen; zu *tūn*
be~ einzäunen, beschließen

þā (*þe*) s. *sē, sēo, þæt* (*þe*)
þā Adv. da, dann; Konj. als; afr. as. *thā*

þafian sw. II. gestatten, billigen

þāh s. *þēon*
þām s. *sē, þæt*
þāra (*þe*) s. *sē, sēo, þæt* (*þe*)
þās s. *þēos*
þǣm s. *sē, þæt*
þǣr da, dort; relat. da, dort wo; ne. *there*, as. ahd. *thǎr*
þǣra s. *sē, sēo, þæt*
þǣre s. *sēo*
þæs des(sen), s. *sē, þæt*

~ adv. G. (zu *þæt*) dafür, danach
~*þe* Konj. dafür daß, weil; nachdem

þæt das (§ 66 a); Konj. (so) daß; ne. *that*
~, ~ *þe, þe* Rel.-Pron. (§ 67) das, welches
tō þǣm zu dem, dafür, dazu
þætte < *þæt þe* 1. Rel-Pron. (§ 67) das, welches, 2. Konj. daß, damit

þe 1. unflekt. Rel.-Part. (§ 67) der, die, das; welcher, -e, -es; 2. Konj. dann, als, wo; afr. as. ahd. *the*

þēah, þéh 1. Konj. obgleich; 2. Adv. doch, gleichwohl; got. *þau(h)*, aisl. *þō* < *þoh* > me. *thou* < *þoʒ*, ne. *though*; oder aus ae. *þeāh?* (Falltonform nach Förster, Themse S. 98)

þearf fö. Bedarf, Nutzen; as. *tharf*, got. *þarba*

þeʒn ma. Degen, Gefolgsmann; ne. *thane*, aisl. *þegn*. (Über die Stellung des *þeʒn* vgl. H. M. Chadwick, Anglo-Saxon Institutions, 1905, S. 77—87, 309—311, 327)

þēod fö. Volk; got. *þiuda*
~*cyninʒ* ma. Volkskönig
~*sci(e)pe* mi. Satzung, Zucht

ʒe-*þēodan* sw. I. verbinden, zufügen; got. *þiuþjan*
þēodford Thetford
ʒe-*þéodniss* fjö. Gesellschaft, Verbindung; zu *þēod*

þēon (§ 2̃7, 3) abl. I. gedeihen,
wachsen
þēos s. *þĕs*
þēo(w) mwa. Diener, Knecht;
got. *þius*
þĕs m., *þēos* f., *þis* n. (§ 66 b)
dieser, diese, dieses; ne. *this*
þis s. *þĕs*
þissum zu *þis*, s. *þĕs*
þisse s. *þēos*
þon, *þan* I. zu *þæt* (§ 66 a, 4),
hauptsächlich beim Komp.
und in adv. Verbindung
(*þon mā* mehr als das;
æfter þon nachher)
for∼ denn, weil, deshalb
þone s. *sē*
þonne, *þanne* wenn, dann, als
(nach Komp.); ne. *than,
then*
þrēat ma. Schar, Gedränge,
Bedrängnis; ne. *threat*, aisl.
þraut
þrōwian sw. II. dulden, er-
leiden; ne. *throe*
þrōwunʒ fō. Leiden; zu *þrōwian*
þrym(m) mi. Kraft, Ruhm;
aisl. *þrymr*
þŭ du; ne. *thou*, aisl. got. *þŭ,*
lat. *tū*
þurh durch, in; ne. *th(o)rough,*
ahd. *dur(u)h*, got. *þairh*
þūsend na. tausend; ne. *thou-
sand*, got. *þūsundi*
þȳ, *þī* (I. von *þæt*) daß, um
so; ne. *the ... the, neverthe-
less*, got. *þei*
∼ I. vom best. Artikel
(§ 66 a, 4)
þysse (§§ 51, 5; 66 b, 1) =
þisse

þyssum (§§ 51, 5; 66 b, 1) s.
þĕs

un- Präf. un-; ne. *un-*, afr. as.
ahd. got. *un-*, lat. *en-, in-
under* unter; ne. *under*, as.
got. *undar*
∼fĕnʒon s. *∼fōn*
∼fōn red. I. an-, aufneh-
men
∼þēodan sw. I. unterwer-
fen;
∼þēoded ergeben; ahd. *un-
tarthiuten*
unʒecynde von niederer Ab-
kunft, unrechtmäßig; ne.
unkind
unʒemetlĭč unermeßlich, un-
geheuer; zu *metan*
unʒeþwǣrness fjō.Zwietracht,
Streit; ae. *þwǣre* verbunden, einig; ahd. *dwāri*
unwīs unklug, töricht
up(p) auf(wärts), heran; ne.
up, afr. as. aisl. *upp*
upāstīʒness fjō. Himmelfahrt;
s. *-stīʒan*
ūt aus, hin-, heraus; ne. *out,*
got. *ūt*
∼fūs hinausstrebend
∼ʒonʒ, -ʒanʒ ma. Ausgang

ʒe-wald s. *-weald*
was s. *wesan*
ʒe-wāt s. *-witan*
wæl na. Gemetzel, Walstatt;
as. ahd. *wal*
∼sli(e)ht, -slyht mfi. tödlicher Kampf; zu aisl. *slātr*
< *slahtr* (> ne. *slaughter*)
∼stōw fō. Walstatt,
Schlachtfeld

wǣre(n), *wǣron*, *-un* s. *wesan*

wæs s. *wesan*

wē (§ 64) wir

ȝe-weald (ws.), *-wald* (angl.) na. Gewalt, Herrschaft; as. *giwald*

weard ma. Wart, Hüter; ne. *ward*, got. *wards*

for-wearþ s. *-weorþan*

we(a)xan (§§ 35; 46 Anm.) red. II. wachsen, mächtig werden

ā-weččan sw. I. 4. er-wecken, ermuntern; Prät. *weahte*, angl. *wæhte*, *wehte* (§ 35); as. *wekkian*, got. *wakjan* (§ 44, I b)

ā-wehte s. *-weččan*

wěl (§ 73 b) wohl, gut, sehr; ne. *well*, schott. *weel*, got. *waila*

welm, *wælm* (angl.), *wielm* (ws.) mi. Wallung, Glut

weorc, *worc*, *wurc* (§ 33, 1 a), angl. *werc* (§ 35, 1) na. Werk, Tat; ne. *work*, afr. as. ahd. *werk*

ȝe ~ Festungswerk

we(o)rod (§ 32, 2) na. Schar, Menge; as. *werod*, zu *wer*

weorpan abl. III. werfen; got. *wairpan*

ā ~ stürzen, absetzen

weorþ, *wyrþe* (§ 33, 1 c) wert, würdig; ne. *worth*, got. *wairþs*

~mynd (§ 33, 1 a) Wertschätzung, Ansehen

ȝe-weorþan abl. III. (zuteil) werden, sein, geschehen; got. *wairþan*, zu lat. *vertere*

for ~ umkommen, untergehen

ȝe-weorþian sw. II. ehren, auszeichnen, schmücken; got. *wairþōn*, zu *weorþ*

weoruld s. *worold*

wēox s. *weaxan*

wer (§ 22, 2) ma. Mann

werede s. *we(o)rod*

Wer-hām Wareham

wesan (§ 79, 1) abl. V. sein, werden; ne. Prät. *was*, *were*, as. ahd. *wesan*, got. *wisan*

west nach Westen, westlich; ne. afr. as. ahd. *west*

Westseaxe, *Wesseaxe* Westsachsen, Wessex

wič na. Wohnung, Dorf, Stadt; ne. *-wich* in Ortsnamen, < lat. *vīcus* (§ 14), vgl. nhd. *Weichbild*

wīd (Adv. *-e*) weit, *-hin*; ne. *wide*, afr. as. *wīd*

willan (§ 79, 4) wollen, wünschen, werden; ne. *will*, as. *willian*, *wellian*, lat. *volō*, Inf. *velle*

Wil-tūn Wilton

Win-burna Wimborne

winnan abl. III. kämpfen; ne. *win*, as. ahd. got. *winnan*

winter mu. Winter, Pl. Jahre; ne. *winter*, got. *wintrus*

~setl na. Winterlager

wi(o)ta mk.[1] Weiser, Ratgeber; as. *gi-wito*, got. *wita*, zu *witan*

wīs weise; ne. *wise*, got. *weis*

wīse fk.[1] Weise, Art, Sache; ne. *wise*, as. ahd. *wīs(a)*, zu lat. *visus* Anblick, Aussehen *witan* Prt. Prs. I. wissen, kennen; in ne. *to wit*; got. *witan*, zu lat. *vidēre* sehen

ʒe-*wītan* abl. I. sich aufmachen, (ver)gehn; as. *giwītan*

wīte nja. Strafe, Pein; as. *wīti*

witena (G. Pl.) s. *wi(o)ta*

wiþ gegen, wider, mit; ne. afr. as. *with*

wolcen na. Wolke; as. ahd. *wolcan*; *under wolcnum* auf Erden

wolde(n), *-on*, ne. *would*, s. *willan*

word na. Wort; ne. *word*, got. *waúrd*, lat. *verbum* < **verdhom*

ʒe-*worht(e)* s. *wyrčan*

worold, *weorold* (§ 33, 1 b) fi. Welt, Erde; ne. *world*, ahd. *weralt*, *-olt*, < *wer* Mann + got. *alds* Zeit, Leben, vgl. § 38

~*hād* mu. Laienstand

ā-worpen(ne) s. *-weorpan*

ʒe-*writ* na. Schrift, Buch; ne. *writ*, got. *writs* Strich, abl. zu *wrītan*

wrītan abl. I. einritzen, schreiben; ne. *write*, as. *wrītan*

wuldor (§ 40, 1) na. Herrlichkeit, Glanz; got. *wulþus*, *wulþrs*, zu lat. *vultus* Gesicht, Aussehen

~*fæder* mk.[2] himmlischer Vater

wundor na. Wunder; ne. *wonder*, as. *wundar*

ʒe-*wunian* sw. II. (be)wohnen, gewohnt sein; ne. P. P. *wont* gewohnt, as. *wunōn*

wurdon s. *weorþan*

wyn(n) fi. Wonne, Freude; as. *wunnia*

~*sum* wonnesam; ne. *winsome*, ahd. *wunnisam*

wyrčan (§§ 31, 5; 44, I b) sw. I. 4. wirken, schaffen, machen; got. *waúrkjan*, germ. **wurkjan-*

wyrþe s. *weorþ*

yldo, *ieldu*, angl. *ældu* fk.[1] (§§ 31, 7; 59, 4) Alter; as. *eldi*, zu *(e)ald*

ymb(e) um, herum; as. ahd. *umbi*

~*sittend* mk.[5] Umwohnender, Nachbar; zu *sittan*

~*ūtan* ringsherum

ȳst fi. Sturm, Unwetter; as. *ūst*, ahd. *unst*, aisl. *ȳst*

VI. Wörterverzeichnis.

Die Zahlen beziehen sich auf die Paragraphen

Altenglisch.

ā 45; 68a
abbod 14
a-, onbūtan 51, 4
āȝan 63
āȝend 63
āhwā, -hwelč, -hwæt 68a
ald 31, 1
ambeht(man) 3
amonȝ (on ȝemonȝ) 51, 4
ān 21, 3; 68a; 74a
ancor 14
and 19
andswaru 47, 2
andswerian 47, 2
Anȝelcynn 6
Anȝelþēod 6
apostol 3
ārīsan 75, I
āscian, āxian 26,4; 42, 2
assa 13
āþenčan 51, 4
a-, onweȝ 51, 4

æcer 21,1; 26, 1
æfnan, efnan 31, 6
æfter 19
æfter(ra) 74b
æfter þon 66a
æȝhwā 68, 2
æȝhwæþer 68a
æȝhwilč 68a
æȝþer 68a
ælč 68a
ældra 31, 1
ælmihtiȝ 31, 6
æn(ne) 74a

æniȝ, ēniȝ 31, 2; 68a
æpl, æppel 25, 3
ærest(a) 74b
ærn 42, 1
ær þon 66a
æsc 31, 6
æt 48, 2
ætȝædere 31, 6
æton, ēton 21, 2
æþelinȝ 31, 6
æx 71

bærnan 31, 1
bǣrun, bērun, -on 51, 1
be 51, 4
b(e)ald 40
bealu, bealwes 45
bearn Sb. 75
bēč 62, 2
bed(d) 27; 41; 54, 1
beȝanȝ 47, 2
bēo 59
bēodan 22, 4
be(o)for 32, 2
beran 75; 75, IV; 76a
bet 73b
bet(e)ra, bettra, bet(e)st(a)
    41; 72c
bī 37, 1; 51, 4
bīdan 76a
biddan 76a; 77, I
bindan 23, 2; 75, III; 76a, b
binn 13
bintst 40
bīon, bēon 79, 1
birnan, beornan, biorna 42, 1
bisc(e)op 3; 14
bis(t), biþ 79, 1

scāp 30, 1
sehan 36, 1
settian 25, 3
siluƀar 32, 3
slahan 36, 1
spīwan 23, 1
sprecan 32, 2
stedi, stidi 48, 2
stīgan 21, 3
stiki 44, I
sū 21, 2
sunu 21, 1; 48, 2
swerd 33, 1
swestar 33, 1
swīn 21, 2; 26, 2

þan 48, 1
þīhan 22, 3
þōhte 22, 3
þria 23, 1
þūhta 22, 3

ubil 51, 1

wahsan 46, 3
wē 21, 3
wer 22, 2
werold 33, 1
werð 33, 1
wīh 29, 2
wika 33, 1
wili 48, 3
wind 22, 1
witan 23, 3

Althochdeutsch

ackar 21, 1
aha 36, 1
ahto 23, 1; 29, 1; 48, 4
alamahtic 31, 6
az 48, 2
āzum 21. 2

barn 75
beran 75; 76a
betti 27
bibar 32, 2
biotan 22, 4
bittar 25, 3
biutu, -is 22, 4
blāen 33, 3
botah 51, 1
brāhta 22, 3
bringan 26, 1
brinnan 42, 1
buohhāri 51, 3
burg 26, 1

dāhta 22, 3
donar 28, 3
dūhta 22, 3

ebur 32, 2
ein 21, 3
eiskōn 26, 4
ēogihwer 68, 2
er, ir 48, 1
ezzan 21, 1; 31, 6

fallan 29, 1
faran 32, 1
fater 21, 1; 25, 2; 48, 1
feho, fihu 23, 1
fehtan 29, 1
feld 26, 1; 76a
fisc 21, 1; 22, 2; 23, 1; 44, II
fiscāri 44, II
fogal 34; 44, I
foll 21, 5
frīhals 38
friunt 31, 8
frosc 44, II
fruma 77, I
frummen 77, I

lagjan 77, I
laikan, laílaik 76
lētan, laílōt 76
liban 77, III
ligan (*ligjan) 77, I
liufs 21, 3; 26, 4
liuhaþ 22, 4
liuhtjan 22, 4; 31, 8; 46, 2

maiza 25, 1
managei 59, 4
maúrþr 21, 5
mēna 28, 2
mēnōþs 51, 3
midjis 22, 1
mikils 51, 1
munþs 21, 5; 28, 1

*nagls (nagljan) 26, 1
nasjan (*nazjan), nasida
    25, 3; 51, 1; 77, I
nēþla 40
ni 48, 2
nu 37, 1

raírōþ 76
raþjō 74a
rauþs 21, 3
razn 42, 1
reiki 13

sai 66b
sakjō 31, 6
salbōn, salbōdēs 76a; 77, II
saljan 77, I
sandjan 31, 1
satjan 25, 3; 31, 6; 77
seina 64
sik 64
sind 79, 1
sis 64
sitan (*sitjan) 77, I
slahan 36, 1

snaiws 45; 54, 2
sōkjan, sōhte 31, 4; 44, I;
    77, I
speiwan 23, 1
stains 26, 4
staþs 48, 2
steigan 21, 3; 23, 2
sunus 21, 1; 48, 2
swa 37, 1
swaleiks 44, I
swein 21, 2

tigus 74a
triu 54, 2
tuggō 59, 4

þagkjan 44, I; 77, 1
þahan 77, III
þāhta 22, 3; 77, I
þan 48, 1
þeihan 22, 3
þreis 23, 1
þrija 36, 2
þu 37, 1
þugkjan 44, I; 77, I
þūhta 22, 3; 77, I

ubils 51, 1

wahsjan 46, 3
wai 21, 3
waír 22, 2
waírsiza 33, 1
waírþs 33, 1
-wakjan 77, I
warmjan 31, 7
waúrkjan, waúrhta 77, I
wiljau, wileis, wili 48, 3; 79, 4
wilþeis 40
winds 22, 1
witan 23, 3
wulfs 75

Abkürzungen und Zeichen

A.	= Akkusativ	s.	= siehe
abl.	= ablautend	schott.	= schottisch
Adj.	= Adjektiv	Sg.	= Singular
Adv.	= Adverb	skand.	= skandinavisch
ae.	= altenglisch	skr.	= sanskritisch
afr.	= altfriesisch	st.	= stark
afrz.	= altfranzösisch	sth.	= stimmhaft
ags.	= angelsächsisch	stl.	= stimmlos
ahd.	= althochdeutsch	S(u)b(st).	= Substantiv
air.	= altirisch	Sup.	= Superlativ
aisl.	= altisländisch	sw.	= schwach
angl.	= anglisch	urg.	= urgermanisch
as.	= altsächsisch	Vb.	= Verb
D.	= Dativ	vgl.	= vergleiche
dass.	= dasselbe	wg.	= westgermanisch
dial.	= dialektisch	ws.	= westsächsisch
f.	= feminin		
flekt.	= flektiert	>	= wird zu
G.	= Genitiv	<	= entstanden aus
germ.	= germanisch	•	= erschlossene, nicht belegte Form
got.	= gotisch		
gr.	= griechisch		
I.	= Instrumental	ai (got.)	= ē-Laut
idg.	= indogermanisch	au (got.)	= ō-Laut
Imp.	= Imperativ	ĕ, ă usw.	= kurzes e, a
Inf.	= Infinitiv	ē, ā usw.	= langes e, a
kelt.	= keltisch	ẹ̄, ọ̄	= langes geschlossenes e, o (nhd. lesen, losen)
kent.	= kentisch		
Komp.	= Komparativ	ę̄, ǭ	= langes offenes e, o (nhd. Bär, ne. law)
Konj.	= Konjunktion		
lat.	= lateinisch	i̯	= Halbvokal j (ne. year)
m.	= maskulin	u̯	= Halbvokal w (ne. wound)
me.	= mittelenglisch		
merc.	= mercisch	ƀ	= sth. labiodentaler Spirant (ne. give)
mhd.	= mittelhochdeutsch		
n.	= neutrum	đ	= sth. dentaler Spirant (ne. father)
N.	= Nominativ		
nd.	= niederdeutsch	ǥ	= sth. velarer Spirant (norddeutsch. sagen)
ndh.	= nordhumbrisch		
ne.	= neuenglisch	ŋ	= sth. Gaumennasal (ne. long)
nhd.	= neuhochdeutsch		
nord.	= nordisch	č	= stl. Affrikate tf, tš (ne. church)
Opt.	= Optativ		
Part.	= Particip.	ž	= sth. Affrikate dž, dž (ne. judge)
Präs.	= Präsentis		
Perf.	= Perfekt	čž	= ddž (ne. Lloyd George)
Pl.	= Plural	s	= stl. Spirans (ne. house)
P. P.	= Particip. Präteriti	z	= sth. Spirans (ne. freeze)
Präf.	= Präfix	š	= stl. breite Spirans (ne. ship)
Präp.	= Präposition		
Präs.	= Präsens	ž	= sth. breite Spirans (ne. vision)
Prät.	= Präteritum		
Pron.	= Pronomen	χ	= ach- bzw. ich-Laut (schott. loch)
Prt. Prs	= Präterito-Präsens		
red.	= reduplizierend		

þ: Beide Zeichen werden im Ae. unterschiedslos gebraucht (§ 19); wir haben in dieser Arbeit das Zeichen *þ* für das Ae. verallgemeinert.

þ (*đ*) ist zu sprechen:

1. stl. wie ne. *th* (*thin*) anlautend, inlautend in stl. Umgebung und auslautend im Ae., As. und Aisl.;

2. sth. wie ne. *th* (*the*) inlautend ebenda in sth. Umgebung, im Aisl. auch auslautend nach Vokal und sth. Konsonanten;

3. im Got. ist *þ* stl. Spirans.

Das ae. *g*-Zeichen ȝ (§ 19), das im Ae. vier verschiedene Lautwerte hatte — 1. Verschlußlaut anlautend vor velarem Vokal oder vor Konsonant sowie in der Verbindung *nȝ*, 2. sth. velare Spirans (*g*) inlautend nach velarem Vokal, Liquiden oder sth. Spiranten, 3. sth. palatale Spirans anlautend vor palatalem Vokal, 4. stl. velare Spirans auslautend nach velarem Vokal oder Liquiden — wird in unserer Darstellung beibehalten (vgl. hierzu Luick, § 56 Anm. 2).

Vgl. ferner § 44.

Walter de Gruyter
Berlin · New York

SAMMLUNG GÖSCHEN

F. Schubel

Englische Literaturgeschichte

Band 1: Die alt- und mittelenglische Periode
2., neubearbeitete Auflage
Klein-Oktav. 189 Seiten. 1967. Kartoniert DM 7,80
ISBN 3 11 002763 1 (Band 1114/1114a)
Band 2: Von der Renaissance bis zur Aufklärung
2., neubearbeitete Auflage
Klein-Oktav. 200 Seiten. 1970. Kartoniert DM 7,80
ISBN 3 11 002801 8 (Band 1116/1116a)

F. Schubel

Englische Literaturgeschichte der Romantik und des Viktorianismus

2., neubearbeitete Auflage
Klein-Oktav. 178 Seiten. 1972. Kartoniert DM 12,80
ISBN 3 11 004014 X (Band 6124)

M. Lehnert

Beowulf

Eine Auswahl mit Einführung, teilweiser Über-
setzung, Anmerkungen und etymologischem
Wörterbuch
4., verbesserte Auflage
Klein-Oktav. 135 Seiten. 1967. Kartoniert DM 4,80
ISBN 3 11 006251 8 (Band 1135)

G. Müller-Schwefe

William Shakespeare

Welt, Werk, Wirkung
Klein-Oktav. Etwa 257 Seiten. 1978.
Kartoniert etwa DM 19,80
ISBN 3 11 007545 8 (Band 2208)

Preisänderungen vorbehalten